reinhardt

Andreas Schwander Reisen zu
autofreien Orten
in der Schweiz

Friedrich Reinhardt Verlag

Alle Rechte vorbehalten
© 2005 Friedrich Reinhardt Verlag, Basel
Lektorat: Judith Belser
Gestaltung und Layout: Werner Mayr
Druck: Reinhardt Druck Basel
ISBN 3-7245-1283-X

Dank

Ein grosser Dank an Roger Waller, der die Idee zu
diesem Buch hatte.

Und vor allem bedanke ich mich bei meiner Frau Marina.

Wege und Ziele

Vorwort | Eine Welt ohne Autos	8

Zentralschweiz

Arni | Uri autofrei	10
Stoos | Hoch über der Zentralschweiz	13
Rigi Kaltbad | Fluchtpunkt über dem Nebelmeer	15
Bauen | Uri subtropisch	19
Dampfschiffe | Belle Époque mit Schaufelrädern	22
Rütli | Du stilles Gelände(r) am See …	25
Klewenalp | Das grosse Bimmeln	28
Niederrickenbach | Ora et labora im Kräuterkloster	31
Insel Schwanau | Die Jungfer Gemma und der Vogt	34
Autofreier Erlebnistag | slowUp – immer mehr und immer langsamer	37

Tessin und Norditalien

Ces | Traumwelt in der Leventina	39
Brissago-Inseln | Garten Eden im Lago Maggiore	43
Orta und Isola San Giulio | Die Insel nebenan	46
Borromäische Inseln | Man gönnt sich ja sonst nichts	49
Rasa | Terrasse in einer steilen Welt	52
Luftseilbahnen | Der letzte Schritt vor dem Fliegen	56

Wallis

Rosswald | Der sonnige Rücken von Brig	60
Gspon | Heiliges Wasser und kämpfende Kühe	63
Riederalp | Whisky, Cigars and no Sports	67
Saas-Fee | Nachhaltige Perle in den Alpen	70
Elektromobile | Die Schweizer Automobilindustrie	73
Zermatt | Das Dorf mit dem Horn	75
Jungen | Kreuzweg und Betbahn	79
Bettmeralp | 23 Kilometer Eis am Stück	82
Zwischensaison | Ein Palast für sich allein	85

Bern

Wengen	Wengener Geschichten	87
Mürren	Auf und zwischen Wänden	91
Gimmelwald	Die Frauenfeuerwehr auf der Zwischenstation	95
Brienzer Rothorn	Mit Dampf und Zähnen	98
Schynige Platte	Eine lange Bahn in die Vergangenheit	102
Postautos	Düüüüü Daaaaa Dooooooo!	105
Grosse Scheidegg	Kombinieren Sie, Watson!	107
St. Petersinsel	Rousseaus Trauminsel im Bielersee	111
Gurten	Hauptstadtpark im Grünen	114
Standseilbahnen	Steil am Seil hinauf- und hinuntergelassen	117

Zürich und Umgebung

Braunwald	Märchen hoch über dem Talboden	120
Üetliberg	Zürichs Hausberg	123
Inseln Ufenau und Lützelau	Stiller Augenblick in einer anderen Welt	126
Quinten	Subtropisches Dorf an einem kalten See	129
Eisenbahnen	Wohin fährt dieser Speisewagen?	132

Graubünden

Spinas	Sergio Leone im Engadin	135
Val Roseg	Von Fuhren und Fuhrhaltereien	139
Preda	Bahnlandschaften in den Bündner Bergen	143
Braggio	Ort der Kraft im Calancatal	147
Landarenca	Stiegen und Steine im Tal der Frauen	151
Davos Schatzalp	Der Zauberberg	154
GAST	Die Lobby der autofreien Orte	158
Autofreiheit anderswo	Noch mehr Autofreiheit	160
Fotonachweis		162

Liebe Leserinnen und Leser

Eine Welt ohne Autos

Eine Welt ohne Autos können wir uns heute kaum mehr vorstellen. Städte und Landschaften wurden nach den Bedürfnissen der Autofahrer gestaltet und dabei hat man oft die Bedürfnisse der Menschen vergessen. Bedenken, ob dies denn sinnvoll sei, tauchten schon 1921 in jenem Abstimmungskampf auf, in dem es darum ging, das Autofahren endlich auch in Graubünden zu erlauben. Die Autogegner argumentierten, es müsse doch im Sinne der Tourismuspromotoren sein, die vehement gegen das allgemeine Fahrverbot antraten, eine intakte Landschaft ohne diese «lärmigen Stinker» zu erhalten.

Während der Recherchen zu diesem Buch habe ich erfahren, dass es noch immer eine Welt gibt, in der Autos nur einen Bruchteil des Stellenwerts haben, den wir ihnen heute zubilligen. Denn ganz ohne Transportmittel geht es nirgends. Ich habe deshalb für mich selbst Kriterien aufgestellt, welche Destinationen ich vorstellen möchte und welche nicht. Da gibt es natürlich immer wieder Grenzfälle, sowohl bei den aufgeführten wie auch bei den weggelassenen. Ich möchte möglichst keine Auto-Infrastruktur sehen, keine Parkplätze, keine Trottoirs, die einen beim Flanieren an den Rand drängen, oder gar Strassen mit Mittellinien. Kinder sollen möglichst grosse Territorien als Spielplatz in Beschlag nehmen können, ohne dass man ihnen sagen muss: «Geht nicht zu dieser Strasse, dort ist es gefährlich.» Ich möchte auch möglichst keine Geräusche von Verbrennungsmotoren hören und vor allem will ich keine Abgasfahnen riechen.

Die in diesem Buch vorgestellten Destinationen erfüllen diese Kriterien weitgehend. Sie verfügen oft über keine Zufahrtsstrasse oder versuchen mit einer konsequenten Verkehrspolitik, ihre Transportbedürfnisse auch ohne Autos zu erfüllen.
Mir hat es grossen Spass gemacht, diese Welt zu erkunden. Es ist eine Welt mit kreativen Menschen, intelligenten Verkehrslösungen und schönen Landschaften. Es ist aber auch eine Welt der Stille und der Lebensqualität. Es freut mich, Sie auf eine Entdeckungsreise durch die autofreie Welt begleiten zu dürfen.

Andreas Schwander

Arni | Zentralschweiz

Der Arnisee ist ein vom Elektrizitätswerk Altdorf geschaffenes Idyll.

Uri autofrei

Die Verkehrshölle ist in Amsteg. Und es gibt Leute hier, die heute den Teufel zum Teufel wünschen, weil er es seinerzeit nicht geschafft hat, seinen Stein auf die neue Brücke des Gotthardpasswegs zu schmeissen. Er hat den Brocken in Göschenen liegen gelassen, nur wegen eines kleinen Kreuzchens, das ein altes Weiblein mit dem Finger auf den Stein gezeichnet hatte. Amsteg leidet bis heute an der Unfähigkeit des Teufels. Hier, an einer Verengung des Reusstals, zwängen sich Kantonsstrasse, Gotthardbahn und Autobahn Leitplanke an Bahndamm durchs Tal. Und hier sieht man auch, welcher Nutzen so viel Verkehrsinfrastruktur einer Region bringt: «Zum Bahnhof wollen Sie? Dort ist er. Aber Züge halten da keine, es gibt nur Busse», erhält man zur Antwort, wenn man in einer der berühmtesten Bahnlandschaften der Welt nach dem Weg zum Zug fragt. Denn Regionalzüge gibt es hier seit Jahren nicht mehr. Sie würden die Kapazität der Gotthardstrecke reduzieren. An einer der meistbefahrenen Bahnstrecken Europas gibts praktisch nur Geisterbahnhöfe. Dort, wo Amsteg noch nicht zugebaut ist mit Schienen oder Asphalt, befindet sich die grösste Baustelle Europas – der Angriff Nord der Neuen Eisenbahntransversale (Neat): Züge mit Tunnelausbruch, Betonsilos, Förderanlagen, Bohrmaschinen, Lärm und Staub, Tag und Nacht und jahrelang.

Doch «ennet der Reuss», fast nicht zu erkennen, gibt es eine Seilbahn, zwei Kabinen für je vier Personen, zwischen Felsen und Bäumen, und dort ist das Arni. Der absolute Gegensatz zu Amsteg: Weder Strassen noch Fahrzeuge, im schlimmsten Fall ein Aebi-Transporter, der gemächlich eine lange Heumade zusammenmampft. Kein Lärm, kein Asphalt, keine Schienen. Der Kontrast zu Amsteg könnte stärker gar nicht sein, obwohl oder gerade weil es dieselben Berge sind, die man hier sieht.

Die «Hauptstrasse» auf dem Arni.

Das Arni war ursprünglich eine Alp, relativ eben im steilen Kanton Uri, ja sogar mit einer Mulde. Dort staute das Elektrizitätswerk Altdorf schon 1910 den Bach und schuf einen kleinen See, der das Tal mit elektrischer Energie versorgte. Später kamen zwei Luftseilbahnen dazu, eine von Amsteg und eine von Intschi her. Maiensässe wurden zu Ferienhäusern, dazu zwei Restaurants mit Gästezimmern und Massenlager, von wo aus der Schneeschuhclub Arni im Winter lange Touren durch die Urner Bergwelt organisiert. Hier ist nichts zu spüren von der Verkehrslawine, sie verschwindet unten im Tal, ja selbst der Lärm wird von den Felsterrassen abgehalten. Uri ist wunderbar ohne Ver-

Ruderboot inbegriffen

kehr. Es gibt ein ausgedehntes Wanderwegnetz im ganzen Kanton. Besonders spektakulär ist der Wasserweg, der die Welt an der Wasserscheide zwischen Nord und Süd erklärt und dem Wasser über Alpweiden zu Trinkgläsern und durch Turbinen folgt. Doch auch auf dem Arni selbst lässt sich sehr gut verweilen, in den beiden Unterkünften, oder auch in den Ferienhäusern direkt am See, die das Elektrizitätswerk Amsteg vermietet. Wer hier logiert hat auch das exklusive Privileg, auf dem See rudern zu dürfen.

Und dann bringt einen die Seilbahn wieder hinunter, in der Falllinie direkt zu Vierzigtönnern und zur heiligen Barbara, die mit verträumtem Blick den an ihr vorbeirumpelnden Tunnelbohrmaschinen nachschaut. Bei so viel Transit, Transport und betongewordener Verkehrspolitik lohnt sich dann doch noch ein Blick in den Informationspavillon der Neat-Baustelle, wo erklärt wird, wie man künftig den Kanton Uri noch schneller hinter sich lässt. So schlecht ist das gar nicht. Hier bleiben sollen nur jene, die diese Landschaft mögen – vor allem auch ohne Verkehr.

Anreise Mit dem Zug bis Erstfeld, dann mit dem Bus bis Amsteg oder Intschi. Von dort mit der Luftseilbahn zum Arni.

Ausflugsmöglichkeiten Wandern und Schneeschuhtouren im Urnerland, Wasserweg, Skigebiete in Andermatt und Airolo, Neat-Infopavillon in Amsteg.

Stille und Verkehr Keine Autos, sehr ruhig, ein beeindruckender Kontrast zum Verkehrsgewühl im Talboden von Uri.

Unterkunft Ferienwohnungen des Kraftwerks Altdorf, Zimmer und Massenlager in den Berghäusern Arnisee und Alpenblick.

Kontakt Berggasthaus Arnisee: Tel. 041 883 12 83, louisziegler@bluewin.ch
Berggasthaus Alpenblick: Tel. 041 883 03 42, alpenblick.arni@bluewin.ch, www.gurtnellen.ch/arni.htm
Ferienhäuser: Elektrizitätswerk Altdorf, Tel. 041 875 08 75
Informationspavillon der Neat: geöffnet jeden ersten Samstag im Monat von 10 bis 16 Uhr, Auskunft und Anmeldung für Gruppenführungen auch ausserhalb der Öffnungszeiten, Tel. 041 875 77 00, www.neat.ch
Wasserweg: www.wasserwelten.ch

Das Kirchlein auf dem Stoos.

Hoch über der Zentralschweiz

Die Touristinnen aus Israel staunen. Keine Absperrungen? Keine Überwachungskameras? Einfach so in die Seilbahnkabine? Bezahlen erst oben wenn man aussteigt? Unfassbar. Das ist Sicherheit und politische Stabilität, wenn etwas so selbstverständlich ist. Dagegen war der Transport auf den Stoos von der Gemeinde Morschach aus, zu der der Stoos politisch gehört, lange nicht selbstverständlich. Jahrelang führte ein abenteuerliches Bähnchen, eine bessere Blechkiste an vier Rädern am Seil hängend, über das Tobel, bis das Konstrukt schliesslich durch jene moderne Luftseilbahn mit den liberalen Gepflogenheiten ersetzt wurde.

Die Sonnenterrasse des Stoos war ursprünglich eine Alp, mitten in der Region des Vierwaldstättersees, welche vor allem Touristen aus dem britischen Empire ab der zweiten Hälfte des 19. Jahrhunderts mit grosser Leidenschaft zu erschliessen begannen. Die Alp

Start mit Molkekuren

mit dem vielen Vieh machte die Region zum idealen Standort für die Anfang des 20. Jahrhunderts vor allem bei Engländern, Franzosen und Russen gross in Mode gekommenen Molkekuren. Der Boom führte zum Bau des Hotels Kurhaus, dem heutigen Sport- und Seminarhotel.

Nach den Molkekuren gewann der Wintertourismus vor allem in den 1930er-Jahren immer mehr an Bedeutung, weshalb 1933 mit der Standseilbahn Schwyz-Stoos von Schlattli aus eine leistungsfähige Verkehrsverbindung gebaut werden musste. Mit einem Gefälle von bis zu 78 Prozent ist die Bahn noch immer eine der steilsten der Schweiz.

Mit seiner gut ausgebauten Infrastruktur für Sommer und Winter ist der Stoos eine ideale Destination für Familienferien, aber auch für Seminare und Trainingslager. Die Hotels bieten Sportplätze, eine Sporthalle, Saunas und Solarien und das geheizte Waldschwimmbad zieht auch Wasserratten an. Es gibt ein ausgedehntes Wanderwegnetz und Mountainbiker haben ausreichend Platz, um sich hier auszutoben. Und wer es wie jene staunenden israelischen Touristinnen noch nie gemacht hat, kann versuchen, den Kühen mit spitzen Fingern ein paar Grashalme über den elektrischen Weidezaun hinweg zu verfüttern. Zumindest solche «Sicherheitsinstallationen» existieren auch auf dem Stoos.

Anreise Mit dem Zug nach Schwyz oder Brunnen, von Schwyz mit dem Postauto nach Schlattli, weiter mit der Standseilbahn. Von Brunnen mit dem Postauto nach Morschach, weiter mit der Luftseilbahn. Grosser Parkplatz bei der Talstation der Luftseilbahn Morschach-Stoos.

Ausflugsmöglichkeiten Ausgedehntes Wanderwegnetz im Sommer und im Winter, Skigebiet, Swiss Holiday Park mit Erlebnisbad und Saunalandschaften in Morschach.

Stille und Verkehr Nur landwirtschaftliche Fahrzeuge.

Unterkunft Hotels, Ferienwohnungen, Chalets oder Massenlager.

Kontakt Verkehrsbüro Stoos, Stooshorn 1, 6433 Stoos, Tel. 041 811 15 50, Fax 041 813 00 29, info@stoos.ch, www.stoos.ch
Swiss Holiday Park Morschach: www.swissholidaypark.ch

Zentralschweiz | **Rigi Kaltbad**

Die Rigi ragt im Winter wie eine Insel aus dem Nebelmeer des Mittellandes.

Fluchtpunkt über dem Nebelmeer

Der oder die Rigi? Die alte und nach wie vor ungelöste Frage unzähliger Schulreisen und Altersausflüge. Wir entscheiden uns für die weibliche Form, weil sie die «Königin der Berge» genannt wird. Die Rigi ist wohl einer der besterschlossenen Berge der Alpen: vorn herum die Strasse und das Schiff, hintenrum die Eisenbahn, von beiden Seiten eine Zahnradbahn und dazu noch eine Luftseilbahn von Weggis ins Kaltbad. Eine Luftseilbahn von Goldau her, von einem lokalen Bahnbauer als Referenzstück vor der Haustüre sehnlichst erwünscht, kam nie zu Stande. Das Projekt scheiterte an den Kosten und dem Bekenntnis zum Zahnrad, denn die neue Luftseilbahn hätte wohl das Aus für die Arth-Rigi-Bahn bedeutet.

Rigi Kaltbad ist ein echter Ort, mit Post und Postleitzahl, Dorfladen und einem aktiven Vereinsleben. Es gibt ein «Chörli», einen

Die Rigi verfügt über ein sehr dichtes Netz an Wanderwegen.

Königin der Berge

Elektriker und ein Baugeschäft, das alles Baumaterial mit der Bahn herauftransportieren muss. Allerdings macht das Dorf im Moment einen etwas zerzausten Eindruck, weil ihm das abgerissene und nur als betonene Bauruine wiedererstandene Hotel Bellevue nicht gerade zur Zierde gereicht. Doch nun soll etwas gehen. Das Hotel wird in leicht abgewandelter Form weitergebaut und der Platz hinter der Bahnstation bildet künftig zusammen mit dem Neubau des Bellevue ein neues Dorfplatzensemble. Damit wird Kaltbad auch wirklich als Dörfchen wahrgenommen, nicht mehr nur einfach als eine Haltestelle der Zahnradbahn. Denn das Dorf war schon jahrhundertelang Ziel für Touristen. Meist waren es Pilger, die ab 1540 zur Felsenkapelle im «Chlösterli» oder zur Wallfahrtskapelle «Maria zu Schnee» kamen.

Ihnen kam 340 Jahre später die Zahnradbahn zu Hilfe und die ist inzwischen mindestens so berühmt wie der Berg. Ihre beiden Linien von Arth-Goldau und Vitznau her bilden die beiden touristischen Lebensadern des Bergs.

Die Bahn auf der Vitznauer Seite wurde 1871 als erste Zahnradbahn in Europa eröffnet, gebaut nach dem Vorbild der Zahnradbahn auf den Mount Washington im US-Bundesstaat New Hampshire. Sie war Wegbereiterin für jene Art des Tourismus, der die Schweiz berühmt gemacht hat: Mit technischen Hilfsmitteln für die Leute unerreichbare Landschaften erschliessen.

Allerdings waren sich die beiden Linien bis vor wenigen Jahren spinnefeind. Die Vitznauer Seite war zwar als erste da, doch nur bis Rigi Staffel. Die Arth-Rigi-Bahn durfte ihr Trassee bis Kulm bauen und vermietete die zweite Spur an die Konkurrenz, die zähneknirschend zahlte. Allerdings gab es noch bis in die 1980er-Jahre nicht einmal eine Weiche in Rigi Staffel, die den Zügen der einen Gesellschaft die Fahrt aufs Trassee der anderen ermöglicht hätte. Erst als der wirtschaftliche Leidensdruck zu stark wurde, entschlossen sich die Arth-Rigi-Bahn und die Vitznau-Rigi-Bahn zur Fusion und zum wesentlich sinnvolleren gemeinsamen Auftritt.

Die Felsenkapelle im «Chlösterli».

Schon am frühen Morgen werden mit den ersten Zügen Post, frische Gipfeli, Joghurt und Brot den Berg hinaufgefahren und die Morgenmilch der Rigibauern hinuntergebracht. Mit geübtem Wurf platziert der Lokführer die «Neue Luzerner Zeitung» oder auch ganze Postsäcke zentimetergenau in die Stationshäuschen oder auf die kleinen Eisenperrons, ohne den Zug anzuhalten.

Diese vielen Haltestellen machen die Rigi attraktiv. Man findet am ganzen Berg auf allen Niveaus mehr oder weniger horizontal verlaufende Wanderwege, viele davon kinderwagen- und rollstuhl-

Rigi Kaltbad | Zentralschweiz

Die Rigibahn ist die älteste Zahnradbahn Europas.

gängig. Egal, ob man links herum oder rechts herum um den Berg läuft, man kommt immer zu einer Station der Bahn, die einen eine Stufe hoch- oder eine hinunterfährt.

Im Winter ist die Rigi der ideale Fluchtpunkt, um aus der Nebeldepression des Mittellandes auszubrechen. Von Luzern wie von Zürich aus fährt alle paar Minuten ein Zug Richtung Arth-Goldau oder ein Schiff nach Vitznau. Diese Nähe zu den Zentren macht die Rigi im Winter besonders attraktiv, auch wenn der Berg kein ausgesprochenes Wintersportgebiet ist. Es gibt aber immerhin vier Skilifte und zwei Schlittelwege, einer 600 Meter und der andere 3100 Meter lang. Und von den 100 Kilometer Wanderwegen sind 35 auch im Winter offen – um gemütlich den Ufern des Nebelmeers entlangzuschlendern.

Anreise Mit dem Zug nach Arth-Goldau, von dort mit der Zahnradbahn. Station unmittelbar am Bahnhof. Oder mit dem Schiff nach Vitznau, weiter mit der Zahnradbahn. Luftseilbahn ab Weggis.

Ausflugsmöglichkeiten Ausgedehntes Wanderwegnetz im Sommer und Winter, vier Skilifte und zwei Schlittelwege, ebene Spazierwege und Kinderspielplätze.

Stille und Verkehr Keine Autos bis auf ein paar landwirtschaftliche Fahrzeuge. Bisweilen sehr viele Tagesausflügler.

Besonderes Dampffahrten mit der Zahnradbahn, Old-Time-Jazz-Festival, Rigi-Schwinget. 15 Restaurationsbetriebe von Selbstbedienung bis Haute Cuisine.

Unterkunft Hotels, Chalets, Ferienwohnungen und Gruppenunterkünfte aller Art und Preislagen.

Kontakt Verkehrsbüro Rigi, Casa Margherita, 6356 Rigi Kaltbad, Tel. 041 397 11 28, Fax 041 397 19 82, rigi@rigi.ch
Rigi-Bahnen: www.rigi.ch

Bauen liegt in einer geschützten Bucht am Urnersee.

Hinten steile Berge, vorne Strand und Wasser. Die Palmen wuchern wie Gestrüpp, Feigenbäume erreichen mediterrane Höhen und ein paar hundert Meter weit draussen rasen die Windsurfer in atemberaubendem Tempo durch die Szenerie. Ort der Handlung ist aber nicht die Côte d'Azur, sondern das Dorf Bauen am Urnersee.

Uri subtropisch

Bauen liegt geschützt in einer nach Süden exponierten Bucht. Der älteste Urner, der Föhn, bringt viel Wärme hierher, aber dank der Bucht nur wenig Wind. Das macht das lokale Klima noch wärmer. Doch Bauen ist auch von allem anderen geschützt, insbesondere von Lärm und Verkehr. Die Autobahn A2 verzieht sich hier in den Seelisberg, Axenstrasse und Bahn verlaufen auf der anderen Seeseite. Das Dorf liegt am alten Landverbindungsweg zwischen Stans und Altdorf, der heute Teil vom «Weg der Schweiz» ist. Trotzdem war mit der 1874 eröffneten regelmässigen Schiffverbindung lange Zeit der Seeweg die bequemere

Art des Reisens nach Bauen. Erst 1956 wurde die neue Strasse von Altdorf her gebaut, zum Teil in Fronarbeit aus dem Fels gehauen. Doch das Kursschiff zwischen Luzern und Flüelen ist auch jetzt noch ebenso regelmässiges wie attraktives Transportmittel, auch wenn das Postauto ebenfalls bis zum Parkplatz am Dorfrand fährt.

Doch im Dorf selbst gibt es dann für Motorfahrzeuge kein Vorwärtskommen mehr. Die Strässchen sind eng und steil und überhaupt: wozu auch? Es ist alles nahe beieinander und deshalb kommt man auch eher früher als später zum Denkmal von Pater Alberik Zwyssig, der hier geboren wurde und die heutige Nationalhymne, den Schweizer Psalm, komponiert hatte.

Der Autor der Nationalhymne, Alberik Zwyssig, stammte aus Bauen.

Im Sommer 1841 hatte er von seinem Musikverleger einen patriotischen Text bekommen, zu dem er eine Melodie schreiben sollte. Der Einfachheit halber verwendete er dazu ein Kirchenlied, das er bereits sechs Jahre zuvor komponiert hatte

Trittst im Morgenrot daher

und passte den Text entsprechend an. Das Lied wurde ziemlich schnell populär und überall gesungen. Doch Vorstösse, es zur offiziellen Nationalhymne zu machen, scheiterten immer wieder. Denn da war noch das Lied «Rufst Du mein Vaterland» als Hymne. Dieses von vielen noch immer heiss geliebte Lied hatte allerdings den gravierenden Nachteil, dass es genau gleich klang wie die Hymnen von Lichtenstein und Grossbritannien und bis zum Ende des Ersten Weltkriegs auch noch wie die Hymnen des kaiserlichen Deutschlands und des kaiserlichen Russlands. Irgendwann und mit gutschweizerischer Verspätung hatte man die vielen diplomatischen Peinlichkeiten satt und der

Zentralschweiz | **Bauen**

In Bauen wuchert und spriesst mediterrane Vegetation.

Bundesrat erklärte am 1. April 1981 Zwyssigs Schweizer Psalm zur offiziellen Nationalhymne.

Man braucht aber kein schlechtes Gewissen zu haben, wenn man nach Bauen kommt und höchstens die ersten zwei Zeilen der Hymne kann. Auf der Webseite des Dorfs findet man den Text. Oder vielleicht sucht man in Bauen doch besser nach reifen Feigen und Bananen, beobachtet die An- und Ablegemanöver der grossen Raddampfer und bewundert die Segler und Surfer, die draussen auf dem See ihren Spass mit dem ältesten Urner haben, dem Bauen sein südliches Flair verdankt.

Anreise Zu Fuss auf dem «Weg der Schweiz», mit dem Schiff von Brunnen oder Flüelen her oder mit dem Postauto.

Ausflugsmöglichkeiten «Weg der Schweiz», Surfen und Segeln, Vierwaldstätterseeregion.

Stille und Verkehr Sehr ruhig. Parkplatz am Dorfrand. Die tutenden Kursschiffe sind hörbar, aber nicht störend.

Unterkunft Verschiedene Hotels, Pensionen, Ferienwohnungen und Ferienhäuser.

Kontakt Bauen: www.gemeinde-bauen.ch
Tourist Info Uri, Tellspielhaus, Schützengasse 11, 6460 Altdorf,
Tel. 041 872 04 50, Fax 041 872 04 51, mail@i-uri.ch, www.i-uri.ch
«Weg der Schweiz»: www.weg-der-schweiz.ch

Die Dampfer des Vierwaldstättersees: einst fast verschrottet, heute unverzichtbar.

Tut – Tuuuuuut! Grosser Auftritt für «Schiller», «Unterwalden», «Montreux», «Gallia», «Lötschberg» und Konsorten. Die Dampfschiffe sind die stilvollste Art des Reisens in der Schweiz, Zeugen einer Zeit, als der Landweg beschwerlicher war als der Wasserweg und die Schifffahrt sich noch einen heftigen Konkurrenzkampf mit der Eisenbahn lieferte.

Belle Époque mit Schaufelrädern

Darin waren die Schiffe bisweilen so gut, dass sich die Bahn nur mit groben Fouls wehren konnte. Zwischen Interlaken Ost und Interlaken West überquert die Bahn zweimal aus unersichtlichem Grund auf niedrigen Brücken die Aare. Topografisch waren die beiden Brücken seinerzeit völlig unnötig, das Gelände auf der einen Seite wäre frei gewesen. Doch sie unterbrechen seither die Schiffsverbindung zwischen Thuner- und Brienzersee.

Dampfschiffe lärmen nicht, sie leben. Die Maschine ist nicht versteckt und verkapselt, sondern ausgestellt, mit einem Geländer drum herum wie die Bären im Zoo – zuschauen erlaubt und erwünscht, aber füttern verboten. Zutritt hat nur der Maschinendompteur, der durch glänzend polierte Messingtrichter vom Kapitän mitgeteilt bekommt, wie und wann dieser zu fahren beliebe. Und das Publikum staunt und ist begeistert.

Leben statt lärmen

Der Grossvater erklärt seinem Enkel, wie das denn ist mit dem Dampf, dass 60 Umdrehungen für eine Dampfmaschine schon ganz ordentlich seien und dass durchaus nicht alle Dampfmaschinen 100 Jahre alt sind. Die «Montreux» auf dem Genfersee hat eine nagelneue Dampfmaschine, die genauso fürs Publikum agiert wie ihre älteren Kolleginnen, mit strahlend blanken Pleueln, in Messing gefassten und mit Öl gefüllten Tropfenzählern auf jedem Kurbellager. Auch das charakteristische Zischen und Fauchen ist da, zusammen mit runden, kräftigen Bewegungen, die den angenehmen Rhythmus des Ruhepulses durchs ganze Schiff schicken. Doch diese Maschine kommt ohne Dompteur aus. Ihre Befehle erhält sie elektronisch, von einem Joystick auf der Kommandobrücke.

Billette, Auskünfte und Souvenirs.

Auf einem Dampfschiff hat man plötzlich Zeit. Man erkundet alle Räume und beobachtet durch ein Fenster mit dickem Glas das Schaufelrad, dessen Paddel von einem Exzenter im Wasser immer senkrecht gehalten werden. Man wandert mal hinten und mal vorne über die Decks, freut sich an langen Reihen von Nieten und altertümlichen Email-Schildern mit der Aufschrift «Caisse» oder

«1ére Classe» und speist schliesslich gemächlich in einem der Salons, während draussen die Landschaft vorbeizieht.

Dampfschiffe gelten als unwirtschaftlich – noch immer, obwohl die «Montreux» gezeigt hat, dass sie sich mit moderneren Dampfmaschinen sicher und ohne zusätzlichen Personalaufwand betreiben lassen. Seltsamerweise haben denn auch in der Schweiz genau jene Schifffahrtsgesellschaften die grössten finanziellen Probleme, die ausschliesslich auf scheinbar wirtschaftliche Motorschiffe setzen und deshalb auf Schiffspersönlichkeiten wie die «Stadt Luzern», die «Stadt Rapperswil» oder «Gallia» verzichten.

Die «Stadt Luzern», eine der Schiffspersönlichkeiten auf dem Vierwaldstättersee.

Es soll vorkommen, dass vor lauter Sparen das Verdienen vergessen wird. Und dann wird gestaunt, wenn alle Wirtschaftlichkeit doch in den Ruin führt.

Zum Glück hat man das auf vielen Schweizer Seen nun begriffen. Ausser in Lausanne sind die alten Schiffe inzwischen vor dem Schneidbrenner sicher. Und vielleicht wird ja auch mal ein ganzes Dampfschiff neu gebaut. Denn wer Freude an einer alten Dampfmaschine hat, wird sich auch für ein neues begeistern können, wenn es ähnlich viel Charme ausstrahlt.

Ausflugsmöglichkeiten Dampfschiffe gibt es in der Schweiz auf dem Vierwaldstättersee, dem Brienzer-, Thuner- und Genfersee, auf dem Zürichsee, dem Greifensee und dem Bodensee.

Kontakt Die Dampflokomotiv- und Maschinenfabrik DLM baut und entwickelt moderne Dampflokomotiven und Dampfmaschinen für Schiffe: www.dlm.ag
Dampferfreunde Vierwaldstättersee: www.dampfschiff.ch
Der Vierwaldstättersee: www.lakelucerne.ch
Die Raddampferseite: www.paddlesteamers.com

Zentralschweiz | **Rütli**

Anlegen am kleinen Schweizer Heiligtum.

«Was, aufs Rütli wollen Sie?», fragt der Billetkontrolleur auf dem Schiff «Winkelried» nach dem Ablegen vom Schiffssteg in Brunnen. «Meinen Sie, das lohnt sich?» Über 100 000 Menschen pro Jahr sind davon überzeugt, dass es sich lohnt und besuchen das Rütli. Da sind jene, die täglich daran vorbeischippern, wohl weniger massgebend.

Autofrei ist das Rütli auf jeden Fall. Aber selbst wenn man mit dem zweitletzten Schiff kommt und an einem Wochentag ohnehin kaum jemand da ist, ist die Rütliwiese mit viel dröhnendem Pathos aufgeladen – auch wenn man gerade nichts hört. Dies kontrastiert mit der eigentlich bescheidenen Örtlichkeit: eine Beiz, zwei Ställe, ein Fahnenmast so hoch, dass er nur mit Mühe ins hochformatige, ab- und weitgewinkelte Bild passt, von Scheinwerfern angestrahlt. Das Ganze wirkt klein, kleiner jedenfalls als auf den berühmten Fotos von

Du stilles Gelände(r) am See ...

General Guisans Rütlirapport. Daran erinnert auf dem Dampfschiff «Stadt Luzern» eine Bronzetafel mit dem Konterfei des Generals. Er hatte es 1940 mitten im Krieg gewagt, mit all seinen Offizieren bis hinunter zum Major gleichzeitig auf demselben Schiff auf das Rütli zu dampfen, um ihnen hier die Leviten zu lesen.

Nationalheiligtum mit Fahnenmast … … und Schafweide.

Was hier los sein könnte, wenn was los ist, sieht man an den grossen Müllbehältern und den vielen Bänken. Hinter einem der Ställe warten über Strohballen gelegte Bretter als improvisiertes Auditorium auf die nächste patriotische Rede. Weiter unten stehen ein paar ältere Damen vor dem künstlichen Felsen mit den drei Quellen. Eine ruft: «Schau mal, der Dreiländerbrunnen! Davon haben wir noch in der Schule gehabt!»
Der Sage nach quollen hier nach dem Rütlischwur plötzlich drei Quellen aus dem Berg. Im 19. Jahrhundert, als nationalstaatliche Symbole immer wichtiger wurden, wollte man die Quellen in einem aufwändigen Gebäude fassen, wählte dann aber die schlichtere Form einer künstlich-natürlichen Landschaft. Damals, 1859,

sammelte die Schweizer Schuljugend auch Geld, um die Wiese am Steilufer des Urnersees einem Hotelunternehmer abzukaufen und das bereits im Bau befindliche Hotel Rütli wieder abzureissen. Das Rütli gehört deshalb offiziell der Schweizer Schuljugend. Schüler jüngerer Generation kennen den Dreiländerbrunnen nicht mehr.

Erinnerungen an erste Küsse

Wirklich relevant ist das Rütli vor allem in den Jugenderinnerungen der Schweizerinnen und Schweizer. Generationen von Schulklassen haben das «stille Gelände am See» im Lied «Von ferne seist herzlich gegrüsset» zum «Geländer am See» verballhornt und erinnern sich heute bei ihrem Besuch auf dem Rütli weniger an Pathos und Geschichte, sondern an erste Küsse und heimlich gerauchte Zigaretten.

Allein schon deshalb geniesst man das Rütli wohl besser alleine, wenn man mit dem zweitletzten Schiff ankommt oder schon im Morgenrot auf dem «Weg der Schweiz» dahertritt.

Anreise Zu Fuss auf dem «Weg der Schweiz» oder per Schiff von Brunnen oder Flüelen her.

Ausflugsmöglichkeiten «Weg der Schweiz».

Stille und Verkehr Sehr ruhig.

Unterkunft Keine, das Restaurant hat nur Tagesbetrieb.

Kontakt und Information Restaurant Rütli: Tel. 041 820 12 74, www.rütli.ch
«Weg der Schweiz»: www.weg-der-schweiz.ch. Touristeninformation Uri: www.i-uri.ch

Die Klewenalp wurde schon 1930 mit einer Luftseilbahn erschlossen.

Zwischen Ende Juni und Anfang September ist die Geräuschekulisse in der Schweiz auf Höhen über 1800 Metern über dem Meer klar definiert: Kuhglocken, wo man hinhört. Die alpine Landwirtschaft ist hier noch flächendeckend präsent. Das legt sich dann gegen Abend etwas, zusammen mit dem Vieh. Doch es kann einem durchaus passieren, dass ein Tier die ganze Nacht hindurch wiederkäut, sein Glöcklein stundenlang im gleichen Rhythmus ping-ping-ping machen lässt und einen mitten in der Stille der Bergwelt den letzten Nerv ausreisst.

Das grosse Bimmeln

Auf der Klewenalp ist dieser Klang der Berge ganz besonders präsent. Schliesslich ist das Gebiet dafür bekannt, dass es aus 25 Alpen besteht, auf denen das Vieh gesömmert und die Milch verkäst wird.

Die Klewenalp und die Gipfel in der Umgebung wurden aber auch bald für die touristische Erschliessung der Innerschweiz als

Stammkundschaft aus der Region

Wander- und Aussichtsgebiet entdeckt. Von hier aus hat man einen fantastischen Blick auf den Vierwaldstättersee und die Urschweiz. Deshalb wurde die Klewenalp sehr bald, 1930, von Beckenried aus mit einer Luftseilbahn erschlossen. Dazu kam ein Skigebiet mit inzwischen 13 Anlagen und ein paar Ferienhäusern. Doch zu einer richtigen Strasse hat es nie gereicht. Das Vieh hat Beine und für die anderen gibt es die Luftseilbahn.

Die Bauern haben zwar das eine oder andere Geländefahrzeug, doch die Gemeinde Beckenried ist sehr restriktiv mit Bewilligungen für Motorfahrzeuge. Wenn auf der Klewenalp gebaut wird, kommt alles Material mit der Luftseilbahn oder mit dem Helikopter hoch. Das steigert die Kosten gewaltig und hat seit jeher einen eigentlichen Bauboom verhindert und die Klewenalp als attraktive Ferienregion erhalten.

Kühe sind allgegenwärtig auf der Klewenalp, zumindest im Sommer.

Ausserhalb der Innerschweiz weiss das allerdings kaum jemand. Während sich auf dem Pilatus oder auf der Rigi Gäste aus der ganzen Welt treffen, ist die Touristenwelt auf der Klewenalp eine ausgesprochen schweizerische, wenn nicht gar zentralschweizerische Angelegenheit. Die meisten Gäste kommen aus der engeren

Region, wenige aus der ganzen Schweiz und fast niemand aus dem Ausland. Wie bei vielen solchen Orten liegt der Schwerpunkt der Saison auf dem Wintersport. Es wird deshalb viel unternommen, auch die Sommersaison zu beleben. Entsprechend dem Gusto der Stammkundschaft geht es dabei eher rustikal zu und her, mit Naturjodelabenden, Jodlermessen oder einem Country-Openairfestival. Im Winter kann man hier nebst Skifahren auch ausgedehnte Touren mit Schneeschuhen machen und ein langer Schlittelweg führt bis nach Emmetten. Wer im Sommer dann irgendwann wieder auf unter 600 Meter über dem Meer unterwegs ist, wird plötzlich merken: Ups, etwas fehlt. Keine Glocken mehr …

Das Kirchlein der Klewenalp.

Anreise Mit dem Schiff von Luzern her bis Beckenried oder mit dem Zug bis Stans und von da mit dem Postauto nach Beckenried und weiter mit der Luftseilbahn nach Klewenalp.

Ausflugsmöglichkeiten Wandern, Ski- und Schneeschuhtouren, Gleitschirmfliegen, Schlitteln.

Stille und Verkehr Kuhglocken, ansonsten sehr ruhig.

Unterkunft Verschiedene Berggasthäuser mit Zimmern und Massenlagern.

Kontakt Tourismus Beckenried-Klewenalp, Seestrasse 1, 6375 Beckenried, Tel. 041 620 31 70, Fax 041 620 32 05, info@beckenried.ch, www.klewenalp.ch

Der Kräuter- und Gemüsegarten des Klosters Maria Rickenbach.

Ora et labora im Kräuterkloster

Die Zentralbahn, jene Bahngesellschaft, die aus der Fusion der Brünigbahn und der Luzern-Stans-Engelberg-Bahn hervorgegangen ist, hat noch jene alten elektrischen Triebwagen, in denen man dem Lokomotivführer durch eine Glasscheibe über die Schulter sehen darf. Wenn man da auf der Plattform steht und die Nase an der Scheibe platt drückt, geschieht es sogar, dass man vom Zugspersonal eingeladen wird, sich vorne hinzusetzen. Das eröffnet ganz neue Perspektiven, denn man erlebt die Welt nicht wie ein gewöhnlicher Bahnpassagier entweder auf der linken oder auf der rechten Seite, sondern vorausblickend und auf allen Seiten gleichzeitig.

Die Zentralbahn hat auch eine Haltestelle namens Niederrickenbach, obwohl dort weit und breit kein Dorf zu sehen ist. Die Bahn hält an der Talstation der Seilbahn, die nach Niederrickenbach führt. Die Wallfahrtskirche Maria Rickenbach geht auf eine kleine Kapelle aus dem Jahr 1529 zurück. Der Legende nach war ein

Jahr zuvor eine Marienstatue von den tobenden Bilderstürmen der Reformation in Niederrickenbach in den Gabelungen eines Ahorns versteckt worden und liess sich dann ein paar Monate später von dort nicht mehr entfernen, bis eine Kapelle gebaut wurde.

Im Jahr 1857 kam dann noch ein Benediktinerinnenkloster mit heute noch 18 Schwestern dazu. Sie leben getreu dem Grundsatz «ora et labora», bete und arbeite. «Labora» besteht in Niederrickenbach aus Kräutern. Die Schwestern sammeln im Sommer tagsüber zusammen mit ein paar Helferinnen und Helfern auf den Bergwiesen Kräuter und verarbeiten sie weiter. Abends werden die Kräuter dann klein geschnitten und auf dem Dachboden des Klosters zum Trocknen ausgelegt. Was sie nicht auf den Bergwiesen finden, pflanzen die Schwestern im Garten an.

Die Schwestern des Klosters erklären gerne, wo es langgeht in der Region.

Im Klosterladen zeigt Schwester Maria Christina, was daraus geworden ist. Da gibt es rund ein Dutzend Teesorten, vom Professorentee über den Lungen-Hustentee und dem Nerventee bis zum Frauentee und dem Entfettungstee. Der Laden hat aber auch noch anderes auf Lager. Neben Karten und Kreuzen gibt es «Goldliqueur». Zu den Ingredienzien heisst es knapp und unmissverständlich «Kräuter und Alkohol und der Rest ist geheim». Weiter gibt es Kräutersalbe gegen Prellungen und Verstauchungen, ideal im Sommer für die Gleitschirmflieger, die hierher kommen, und im Winter für die Schlittler. Und dann hat Schwester Maria Christina noch Melissengeist im Sortiment und Arnikaschnaps, letzteren nur zum Einreiben, um Entzündungen zu hemmen und Schmerzen zu lindern. Zum Kloster gehören noch ein grosser Gutsbetrieb, der verpachtet wird, eine Schreinerei und die alte Schmitte soll auch wieder in Betrieb genommen werden.

Die heutige Kabinenbahn nach Niederrickenbach wurde erst 1965 eröffnet. Vorher gab es nur eine Art langer eiserner Korb, der an zwei Rollen hing und so an einem Drahtseil den Berg hinaufgezogen wurde. Oder man ging zu Fuss. Das hat sich auf jeden Fall gelohnt und lohnt sich auch heute noch. Die Wanderung nach Niederrickenbach ist in den letzten Jahren wieder populärer geworden, nicht zuletzt dank der

Paradies für Skitourenfahrer

wachsenden Zahl von Leuten, die in ihrer Freizeit alten Pilgerwegen folgen. Mit der modernen Luftseilbahn kam auch ein weiteres Bähnchen auf die Musenalp dazu und ein Sessellift, dessen Konzession inzwischen aber wieder abgelaufen ist und der deshalb in einer kleinen Kabine nur noch stündlich eine Handvoll Leute transportieren darf. Dadurch ist die Region zwischen Niederrickenbach und der Klewenalp zu einem Paradies für Skitourenfahrer geworden, da man einfach in ein Gebiet ohne Skipisten, mit wenigen Leuten und viel Tiefschnee kommt.

Doch auch wer nicht Sport treibt, ist in Niederrickenbach gut aufgehoben. Das Hotel Pilgerhaus bietet Zimmer und Massenlager und es gibt sogar eine rollstuhlgängige öffentliche Toilette und ein einigermassen rollstuhlgängiger Spazierweg mit einer eindrücklichen Aussicht auf die steilen Hänge der Innerschweiz. Und tief unten im Tal fährt die Zentralbahn nach Engelberg, mit freundlichem Personal und glänzend polierten Wagen.

Anreise Mit dem Zug nach Luzern und von da mit der Zentralbahn zur Haltestelle «Niederrickenbach». Weiter mit der Luftseilbahn nach Niederrickenbach.

Ausflugsmöglichkeiten Wandern, Ski- und Schneeschuhtouren, Gleitschirmfliegen, Schlitteln.

Stille und Verkehr Sehr ruhig.

Unterkunft Hotel Pilgerhaus.

Kontakt Hotel Pilgerhaus: Tel. 041 628 13 66, Fax 041 628 20 35, hotelpilgerhaus@bluewin.ch
Die Gegend: www.maria-rickenbach.com
zb Zentralbahn AG: www.zentralbahn.ch

Der «Abholdienst» der Insel Schwanau.

Die Jungfer Gemma und der Vogt

Goethe war auch hier. Der war an ganz vielen Orten in der Schweiz, denn damals reiste man langsamer, hatte dafür umso mehr zu erzählen. Die Insel Schwanau lag für Goethe am Weg nach Süden und der markante kleine Felskopf im Lauerzersee hatte es Wanderern und Feldherren schon immer angetan. Er lag günstig am Weg nach Süden um einfach ein- und angreifen zu können und bot selbst Schutz und Distanz von allen, die ebenso böse hätten sein können. Erste Siedlungsspuren sind schon um 1200 vor Christus nachgewiesen, doch die Burg wurde erst 2400 Jahre später etwa um 1200 gebaut. Im 14. Jahrhundert soll auf der Burg ein böser Vogt gehaust haben, der in Arth die schöne Jungfer Gemma stahl. Diese befreite sich daraufhin von ihm und stürzte sich in den See, während 1303, angeführt von Rütlischwörer Werner Stauffacher, die Burg

Zentralschweiz | **Insel Schwanau**

1806 verwüstete eine Flutwelle die Insel – ausgelöst durch den Goldauer Bergsturz.

gestürmt wurde. Der Vogt entkam und wurde angeblich 1315 am Morgarten erschlagen. Doch Sonntagskinder sollen ihn nachts ab und zu sehen, wie er durch die Mauern der Burg geistert. Auch der Geist der Jungfer Gemma soll noch immer auf der Burg umhergehen, ja sogar rennen. Eine andere Sage erzählt nämlich, dass die Insel jedes Jahr einmal von einem Donner erschüttert werde und dann eine weisse Frauengestalt mit einer brennenden Fackel in der Hand einem Ritter in vollem Harnisch hinterherrenne, bis dieser sich in den See stürzt. Ihre heutige Gestalt erhielt die Insel nach dem Goldauer Bergsturz vom 2. September 1806. Damals waren 40 Millionen Kubikmeter Fels vom Rossberg heruntergestürzt und hatten einen Viertel des Lauerzersees verschüttet. Eine über zehn Meter hohe Flutwelle zerstörte die Häuser der Einsiedelei und die Kirche. Daraufhin verkaufte der Stand

Das Gasthaus der Schwyzer «Staatsinsel».

Schwyzer Staatsinsel

Schwyz die Insel an Ludwig auf der Maur, der sich daraufhin Général Louis auf der Maur Chevalier de Schwanau nannte und Gebäude und Kirche wieder aufbauen liess. 1967 kaufte der Kanton die Insel von der Familie auf der Maur zurück und seither nennt sie sich «Staatsinsel des Kantons Schwyz». Die Staatsinsel ist allerdings winzig, scheinbar mehr hoch als lang oder breit. Wer nicht mit dem eigenen Boot kommt oder rüberschwimmt, kann an der Schiffsstation an der grossen Glocke läuten und dann kommt ein Motorboot und holt die Gäste ab.

Dann laden steile Wege zu kurzen Spaziergängen ein. Danach kann man im See baden, im Restaurant sehr gut essen und lange verweilen. Denn vielleicht trifft man ja doch noch auf die Jungfer Gemma oder den erschlagenen Vogt.

Läuten bis das Schiff kommt.

Anreise Vom Bahnhof Schwyz mit dem Postauto bis zur Haltestelle «Lauerz Schwanau», dann an der Glocke läuten und man wird abgeholt.

Ausflugsmöglichkeiten Rigi, Tierpark Goldau, Bundesbriefmuseum in Schwyz.

Stille und Verkehr Ruhig, auf der Insel gibt es keine Fahrzeuge, die Strasse ist hörbar.

Besonderes Die Kapelle und das Inselrestaurant eignen sich sehr gut für Hochzeiten, Taufen und andere Familienfeste.

Unterkunft Keine. Das Restaurant hat nur Tagesbetrieb, geöffnet von Ostern bis Oktober.

Kontakt Inselrestaurant Schwanau, 6424 Lauerz, Tel. und Fax 041 811 17 57

Autofreier Erlebnistag | slowUp

Am slowUp haben muskelkraftbetriebene Vehikel freie Bahn.

slowUp – immer mehr und immer langsamer

Platz da für alles, was mit Muskelkraft vorwärts kommt: für Inline-Skater, Velofahrerinnen, Fussgänger und Rollbrettfahrer. SlowUp ist kein Ort, sondern ein Anlass, quasi ein mobiles autofreies Ausflugsziel.

Lanciert wurde slowUp im Jahr 2000 von der Schweizerischen Gesundheitsförderung, einer Organisation, die von den Krankenkassen und dem Bundesamt für Gesundheit getragen wird. Heute wird die Stiftung slowUp nebst der Gesundheitsförderung vom Verkehrsclub der Schweiz (VCS) und von der Stiftung Veloland getragen. Richtig bekannt wurde die Idee während der Expo.02 am Murtensee und inzwischen tragen jedes Jahr mehr Regionen slowUps aus. Es wird jeweils ein mehrere Dutzend Kilometer langer Rundkurs für den motorisierten Verkehr gesperrt, meist auf einer landschaftlich besonders schönen Route und so flach, dass alle problemlos mitkommen können. Die Gastgeberregionen geben sich immer alle erdenklich Mühe, ihre landschaftlichen Reize und kulinarischen Höhepunkte möglichst effektvoll in Szene zu setzen. So rollt man rund um den Murtensee oder den Sempachersee, pedalt durch die Obstplantagen von thurgauisch Mostindien, um sich dann in Arbon mit einem einheimischen Most aus einem einheimischen Saurer-Feuerwehrauto zu stärken. Inzwischen gibt es auch einen binationalen slowUp, jenen entlang dem Rhein bei Rheinfelden und jedes Jahr kommen neue Veranstaltungen dazu.

Der slowUp bietet Testmöglichkeiten für alle Fahrzeuge.

SlowUps sind regelrechte Volksfeste. Entlang der Strecke bieten Gemeinden, Bauern und Vereine Essen von der Bratwurst bis zum Sushi an, Musikvereine geben ihr Können zum Besten und an den Start- und Zielorten kann man Velos testen und sich über die neuesten Entwicklungen in der Technik des «Fahrens mit Muskelkraft» informieren.

Wie komfortabel es ist, wenn man als Velofahrer die Strasse für sich alleine hat, merkt man erst, wenn man sie wieder mit den Autos teilen muss, sich dem Randstein entlangschleicht und immer aus dem linken Augenwinkel nach hinten schaut, ob da denn wirklich nichts kommt, was einen überfahren könnte. Doch der nächste slowUp kommt bestimmt.

Kontakt Stiftung Veloland Schweiz, Projektleitung slowUp, Postfach 8275, 3001 Bern, Tel. 031 307 47 40, Fax 031 307 47 48, info@slowup.ch, www.slowup.ch

Ces war einst ein verlassenes Bergdorf, bevor es in den 1970er-Jahren wieder belebt wurde.

Traumwelt in der Leventina

Von Chironico geht man etwa zwei Stunden den Berg hinauf, oder von Gribbio hundert Meter talwärts, und dann nach rechts auf den Wanderweg, hinunter zum Bach, und dann den Wald hoch, schön gemütlich, ein Fuss vor den anderen, die Gedanken fliegen lassen und zwischendurch darauf achten, dass man nicht vom richtigen Weg abkommt.

Und dann gibt es noch einen weiteren Weg nach Ces, die Materialseilbahn, die von einem Konsortium betrieben wird. Für den Personentransport ist die Bahn aber eher ungeeignet. Es fällt öfter mal was runter. Da kommt es schon mal vor, dass in der Nähe der Bahn beim Pilzesammeln Dosen mit Tomatenpüree gefunden werden.

Ces ist ein Monte oder Maiensäss, ein Sommerdorf wie es sie im Tessin viele gibt. Allerdings ist Ces mit rund 25 Häusern und

Ställen ein sehr grosses Maiensäss. Es liegt auf einer Hochebene auf 1450 Meter über dem Meer und unendlich weit über den donnernden Blechlawinen, den Strassenwüsten, Bahnlandschaften und Neat-Baustellen der Leventina. Ces ist so gross, dass es bisweilen wohl auch dauernd bewohnt war. Sonst hätte man dort kaum eine relativ grosse Kirche gebaut. Doch wie in so vielen Orten im Tessin starb in der ersten Hälfte des 20. Jahrhunderts das Leben langsam weg. Ab 1946 galt Ces als verlassen, auch wenn die Leute von Chironico noch immer ihre Schafe auf der Hochebene weiden liessen. Die Häuser zerfielen, verschwanden unter einer wuchernden Vegetation. Was die Natur im Talboden an die Menschen und seine Züge und Autos verloren hatte, holte sie sich auf dem Berg von ihm zurück – langsam, aber konsequent. Dann kamen 1968 mit neuem Denken auch neue Ideen. Ab 1971 bildete sich in Locarno eine Jugendbewegung, die sich «Communità in ricerca» (Gemeinschaft auf der Suche) nannte. Die Jugendlichen suchten nicht nur gesellschaftliche, sondern auch geografische Freiräume und fanden diesen Freiraum mit Hilfe des Pfarrers von Bodio und dessen Pfadfindergruppe in Ces. Im Sommer 1972 gings los mit einem Jugendlager und 50 Teilnehmern aus Marokko, Belgien, Deutschland, Frankreich, Italien, Schweden und der Schweiz. Seither hat Ces alle Höhen und Tiefen mitgemacht, die es in solchen alternativen Projekten gibt: von der ersten Begeisterung über die grossen Diskussionen bis zum handfesten Chaos – und hat alles überlebt.

Der «Supermarkt» von Ces.

Die Mithilfe der Gäste im biologischen Landwirtschaftsbetrieb ist erlaubt und erwünscht.

Mehr als 30 Jahre nach den ersten Sommerlagern wird in Ces noch immer gebaut, an einem tiergerechteren Stall, an neuen Gemeinschaftshäusern und auch an Ferienunterkünften. Einige der Pioniere sind noch immer mit dabei, doch auch Lehrlinge von Kantonalbanken helfen während ihren Arbeitslagern mit beim Mauern und Holzen, beim Heuen oder beim Brotbacken im grossen Pizzaofen auf dem Dorfplatz. Und noch immer wird ein etwas anderer Lebensstil gepflegt. Ces hat zwar ein eigenes kleines Kraftwerk, doch in den meisten Häusern gibt es trotzdem und mit voller Absicht keinen Strom und kein fliessendes Wasser. Die neuen Dächer werden noch immer mit Steinplatten gedeckt, auch wenn sie nicht mehr ganz so zerzaust aussehen, wie jene «tec ai piüm», die «Federdächer», auf die man früher jeden mehr oder weniger flachen Stein hochwarf und durch die es immer irgendwo durchtropfte. Wer in Ces übernachtet, sei es im grossen Gruppenhaus Veridirum oder auch in einer der anderen Unterkünfte, soll sich mit Realitäten auseinander setzen, die jenseits dessen liegen, was heute als «Zivilisation» gilt.

Ein etwas anderer Lebensstil

Man kann hier eigene Lager oder Seminarien organisieren, in der Kirche musizieren, wochenweise beim Wiederaufbau oder in der Landwirtschaft mitarbeiten oder gleich mehrere Monate heraufkommen, etwa um Zivildienst zu leisten.

Ces ist eine «erträumte» Welt, eine andere Welt, die zum Denken anregt und auf die man sich geistig vorbereiten muss, sowohl im Sommer und erst recht im Winter, wenn alles noch eine Stufe anstrengender, mühsamer und kälter ist. Der meditative Aufstieg hilft dabei, immer schön langsam einen Fuss vor den anderen, nicht vom richtigen Weg abkommen – und die Gedanken fliegen lassen.

Anreise Mit dem Zug bis Faido oder Biasca. Von dort mit dem Postauto bis Lavorgo und von Lavorgo mit dem kleineren Postauto bis Chironico, Haltestelle «Posta». Weiter den Wegweisern nach anderthalb bis zwei Stunden zu Fuss bergauf. Wer eine Fahrgelegenheit bis Gribbio hat, ist schon in einer bis anderthalb Stunden da.

Ausflugsmöglichkeiten Wandern in der Region. Von Ces aus macht man eigentlich keine Ausflüge. Man kommt, um zu bleiben, mitzuarbeiten oder man kommt gar nicht.

Stille und Verkehr Sehr ruhig.

Besonderes Von Ces aus, nicht weit talauswärts, befindet sich Doro, ebenfalls ein Maiensäss, mit ähnlichem kulturellem Ursprung wie Ces. Auch hier bestehen Übernachtungsmöglichkeiten. Erreichbar ebenfalls zu Fuss ab der Postautohaltestelle «Chironico». Fürs Gepäck gibt es eine Materialseilbahn.

Unterkunft Einfache Unterkünfte für Einzelpersonen, Familien und Gruppen.

Kontakt Fondazione Ces: Tel. 091 865 14 14 (Lange läuten lassen. Es ist das einzige Telefon in Ces, befindet sich im Freien und es ist nicht immer jemand in der Nähe.), info@cesnet.ch, www.cesnet.ch
Doro: Therese Reusser und Nick Meyer oder Margrit und Giampiero Mosimann, 6747 Chironico, Tel. 091 865 15 07, 091 865 17 25 oder 091 865 15 10, www.monti-doro.ch

Die Brissago-Inseln – ein Paradies für Botaniker.

Im Tessin wächst alles, und das üppig. Die Kombination von viel Sonne und viel Regen, zusammen mit den Alpen, die vor kalten Nordwinden schützen, lässt spriessen und gedeihen. Seit über hundert Jahren zieht das Botaniker an – und wohlhabende Leute mit einem Flair für Pflanzen, die sich hier Gärten mit Villen anlegen liessen.

Garten Eden im Lago Maggiore

Die Brissago-Inseln sind eine der prächtigsten Kombinationen aus Palastvilla und Park in der Region. Siedlungsspuren auf den Inseln gehen bis auf die Römer zurück. Doch ihr heutiges Gesicht erhielten die Inseln ab 1885, als die Baronin Antonietta Saint-Leger hier begann, botanische Gärten anzulegen, sich mit Künstlern und Musikern umgab und 1913 in London ein Tagebuch über die von ihr auf den Inseln gezogenen Pflanzen veröffentlichte. Nach dem Ersten Weltkrieg verlor sie ihren gesamten Besitz und musste die Inseln an den

Hamburger Chemiker und Kaufmann Max Emden verkaufen. Er liess die heutige Palastvilla erstellen und baute die Inseln kontinuierlich zu einem menschgemachten Naturparadies aus, in dem alles wächst, was die Welt an interessanten Pflanzen und Blumen hergibt. 1949 kaufte der Kanton Tessin die Inseln und richtete auf der grösseren Isola Maggiore einen öffentlichen botanischen Garten ein, während die kleinere «Isolino» ein Naturschutzgebiet mit einheimischen Pflanzen ist. Da gibt es einen gewaltigen Eukalyptus aus Australien, Palisaden aus Bambus, Orangen-, Bananen-, Zitronenbäumen. Und wer kennt schon Kakao oder Tee anders als in Paketen und Tassen?

Die Insel ist ein Freiluft-Klassenzimmer.

Im botanischen Garten der Brissago-Inseln kann man wie durch ein Museum schlendern, sich nach den Täfelchen mit dem Pflanzennamen bücken und die vielen Aha-Erlebnisse geniessen.

Wenn nicht gerade Schulklassen mit Arbeitsblättern durch den Park lärmen und nach dem noch offenen Punkt «Zypressen» suchen, beginnen beim Spazieren die Gedanken zu entgleiten

Staunen und geniessen

und immer wieder schaltet ein grünes Täfelchen den Projektor im Kopf ein und lässt einen neuen Film anlaufen: Sequoia, Kalifornien? Sind das nicht die Bäume, die erst während Waldbränden bei grosser Hitze ihre Zapfen langsam öffnen und dann die Samen auf die frische Asche fallen lassen? Ah, so sieht also Kaffee aus. Und er stammt aus dem abessinischen Hochland, das heute zu Äthiopien und Eritrea gehört. Und dort gibt es wirklich über 1000 Sorten? Für den weltweiten Kaffeemarkt ein Gen-Reservoir von unschätzbarem Wert.

Die Palastvilla auf der Brissago-Insel.

Was der Park andeutet, wird in der Villa präzisiert. Dort gibt es Ausstellungen zu Nutzpflanzen, zur Geschichte einzelner Lebensmittel und vieles mehr. Dazu ein gutes Restaurant und ein paar bescheidene Gästezimmer. Diese sind besonders beliebt bei wissenschaftlichen Instituten oder Universitäten, die hier Seminare durchführen und dazu auch die vorhandenen Laboratorien nutzen können. Aber auch Leute, welche die Wunder des Parks nicht durch Mikroskope anschauen wollen, können hier absteigen – und den Garten allein geniessen, wenn das letzte Schiff abgelegt und die letzte Schülerin über die Baumwollpflanze gestaunt hat, aus der ihre Jeans sind.

Anreise Mit dem Kursschiff ab Locarno, Brissago oder den anderen Ufergemeinden.

Ausflugsmöglichkeiten Pflanzen der ganzen Welt. Viele touristische Möglichkeiten im Tessin.

Stille und Verkehr Keine Autos, sehr ruhig, höchstens sichtbarer Lärm in Form der Züge und Strassen am Seeufer.

Unterkunft In der Palastvilla auf der Insel gibt es ein paar Gästezimmer.

Kontakt Amministrazione delle Isole di Brissago, 6614 Isole Brissago, Tel. 091 791 43 61, Fax 091 791 07 63, dic-isole.brissago@ti.ch, www.isolebrissago.ch Tessin Tourismus: www.ticinoinfo.ch. Locarno Tourismus: www.infolocarno.ch

Die Isola San Giulio erreicht man mit dem Boot von Orta aus.

Die Insel nebenan

Orta liegt nicht am Weg, höchstens knapp daneben. Und wenn man in Norditalien vom Weg abkommt, wirds langwierig. Besonders, wenn man mit öffentlichen Verkehrsmitteln unterwegs ist. Bis Domodossola geht es gut. Da ist man auf der Simplonstrecke unterwegs, ohne Umsteigen. Man muss sich nur darauf konzentrieren, dass einem im Pendolino nicht schlecht wird, weil man in den Kurven die Bäume die Berge hinauf- und wieder hinunterrennen sieht. Nach Domodossola wirds dann aber schwierig: Züge halten nur selten in Orta und der Bus fährt ewig und kreuz und quer. Doch die Reise lohnt sich.

Orta ist ein malerisches Städtchen auf einer Halbinsel im Ortasee, mit vielen geschmiedeten Fenstern und Türgittern und engen bis sehr engen Strässchen, die zum Spazieren und Verweilen einladen. Und dann stolpert man immer wieder unverhofft in einen Laden, in dem dicke Schinken von der Decke hängen und rundherum Flaschen mit Wein und Olivenöl stehen. Die Gegend am Südfuss der Alpen ist gesegnet mit Wärme und sehr viel Regen. Deshalb wächst hier alles, was nur wachsen kann. Wer sich Ende des 19. Jahrhunderts eine herrschaftliche Villa baute, und das waren einige, kam um einen botanischen Garten nicht herum. Die Region ist deshalb noch immer ein bevorzugtes Ziel für Pflanzenliebhaber aus aller Welt. Weniger gesegnet war man mit den unruhigen und unberechenbaren Nachbarn im Norden. Die Helvetier fielen vor allem nach der Reformation regelmässig in der Region ein und nötigten die Hüter der allein seligmachenden Kirche immer wieder zu grösseren Verteidigungsausgaben. Festungen und Wehrtürme zeugen noch immer davon.

Ärger mit den Helvetiern

Am Ufer des Sees pflegen die Bootsführer ihre Schiffe, schleifen und polieren Messing, streichen und spachteln und ziehen Zier-

Wenn keine Passagiere da sind, werden die Boote gepflegt.

linien nach, jedenfalls so lange keine Fahrgäste da sind, die auf die Isola San Giulio hinaus wollen. Die von einem Kloster mit grosser romanischer Basilika dominierte Insel soll der Sage nach einst völlig unbewohnbar gewesen sein. Denn dort hauste eine riesige Schlange, die alles verschlang, was sich ihr näherte. Doch der heilige Giulio hatte die Fähigkeit, Wellen und Tiere zu bändigen und es gelang ihm, das Vieh von der Insel zu vertreiben. Heute findet man es nur noch auf Ortas Stadtwappen und auf dem Logo des Autoherstellers Alfa Romeo. Da lag es nahe, auf der Insel ein Kloster zu gründen und eine Kathedrale zu bauen. Beides gibt es noch heute. Die Basilika mit ihren Kunstschätzen aus mehr als zehn Jahrhunderten ist zugänglich, das Kloster nicht. Obwohl es eine Insel ist, vermittelt die Isola San Giulio eine fast städtische Atmosphäre, oder zumindest den Eindruck, den man auch von einer Stadt im 17. Jahrhundert haben könnte: enge Gässchen, Pflastersteine und kaum ein Zugang zum See, denn der gehört den privaten Villen auf der Insel. Doch auch sie bieten einen faszinierenden Anblick, wenn das Boot, das einen zurück nach Orta bringt, in der Abendsonne noch einmal eine Runde um die Insel dreht.

Enge Gassen und alte Mauern auf der Isola San Giulio.

Anreise Alle Züge der Simplonstrecke ab Basel, Bern oder Genf halten in Domodossola, ebenso die von Locarno her kommende Centovallibahn. Vom Bahnhof Domodossola weiter mit dem Bus nach Orta.

Ausflugsmöglichkeiten Orta, Stresa und die Borromäischen Inseln.

Stille und Verkehr Die Isola San Giulio ist völlig frei von Motorfahrzeugen. In Orta zwängt sich hin und wieder ein Auto durch die engen Gassen.

Unterkunft Hotels aller Kategorien in Orta, auf der Isola San Giulio gibt es keine Übernachtungsmöglichkeiten, lediglich ein Restaurant.

Kontakt Tourismusbüro Stresa: Tel. 0039 0323 304 16, Fax 0039 0323 934 335, www.orta.net. Führungen auf den Borromäischen Inseln und in Orta auf Deutsch: www.lagomaggiore-tour.it
Tourismusorganisation des Lago Maggiore: www.lagomaggiore.it

Tessin und Norditalien | **Borromäische Inseln**

Eine «potemkinsche Mauer» trennt den Palast vom Fischerdorf auf der Isola Bella.

Man gönnt sich ja sonst nichts

Man gönnt sich ja sonst nichts als Bankiers- und Industriellenfamilie, drei Mikro-Inselchen in einem See halt, nicht viel, aber das schon seit etwa 400 Jahren. Vielen Italienern ist gar nicht bewusst, dass es die alte Familie der Borromei noch immer gibt und dass sie – nebst vielem anderem – noch immer die grössten Teile der Isole di Borromei besitzen, jener idyllischen Inselgruppe im Lago Maggiore in der Nähe des italienischen Stresa. Die Borromäischen Inseln bestehen aus drei Eilanden, der Isola Bella, der Isola Madre und der Isola dei Pescatori. Dazwischen gibt es noch ein winziges Pünktchen Land im Wasser mit ein paar Sträuchern drauf, die Insel der Verliebten oder die Isola Malghera.

Auf der Isola Bella und der Isola Madre befinden sich nebst den Palazzi die in dieser Region für Familien von Stand unverzichtbaren botanischen Gärten. Doch die Funktion ist unterteilt. Die Isola Madre war für die Frauen und Kinder bestimmt, wo sie die ganze Insel für sich beanspruchen konnten, ihre Ruhe hatten und die Kleinen sich nach Herzenslust

Grosse Sammlung an Kamelien

austoben konnten. Heute ist die Isola Madre vor allem bekannt für ihre grosse Sammlung an Kamelien. Die Isola Bella diente der Repräsentation – mit einem prunkvollen Palast und einem Park, dessen Topografie so verändert wurde, dass er einem Schiff gleicht, mit dem höchsten Punkt des Palasts als Kommandobrücke. In den ursprünglich relativ kargen Felskopf wurden pyramidenartige Terrassen gehauen, welche den Charakter von Schiffsdecks haben und auf denen der Park angelegt wurde. Allerdings gab es da in den Augen der Borromei einen kleinen Schönheitsfehler: ein kleines Fischerdörfchen. Abreissen, weg damit, war die Entscheidung. Doch die Fischer liessen sich nicht so einfach vertreiben. Schliesslich durften sie bleiben und die Borromei trennten das Dorf mit einer potemkinschen Palastfassade von ihrem Refugium ab – um sich und ihren Gästen den «fürchterlichen» Anblick des Dorfs zu ersparen. Dabei ist die Insel ausgesprochen reizvoll. Man schlendert durch enge Gässchen, treppauf, treppab, mal scharf nach links und dann in einer scheinbaren Sackgasse wieder durch ein kleines Türchen weiter.

Lebensmittel und Inselklatsch im Laden auf der Fischerinsel.

Die benachbarte Isola dei Pescatori (Fischerinsel) ist ungefähr so gross wie ein Flugzeugträger – etwas über 300 Meter lang und etwa 50 Meter breit mit einem Dorf, das im Winter 55 und im Sommer 70 Einwohner beherbergt. Die Fischerinsel hat alles, was zu einem richtigen Gemeinwesen gehört: Es gibt eine Kirche,

Die Fischerinsel im Lago Maggiore.

einen Dorfladen mit kulinarischen Köstlichkeiten aus dem See und der Umgebung, wo schon früh am Morgen mit grossem Engagement der neueste Inselklatsch durchgekaut wird. Von den Fischern, die der Insel den Namen gegeben haben, leben noch sieben auf der Isola und sind auf dem See tätig. Vor allem gibt es aber alle paar Meter ein Restaurant. Doch da sind auch eine Pension, private Gästezimmer und das Hotel Verbano zwischen Anlegestelle und Kirche. Es ist das ganze Jahr hindurch geöffnet und bietet vor allem in der Zwischensaison eine herrlich verträumte Absteige. Dann hat es wenig Touristen und man lässt die Gedanken über den See gleiten und vom anderen Ufer zurückschwappen.

Anreise Alle Züge der Simplonstrecke ab Basel, Bern oder Genf halten in Stresa. Kursschiff ab Stresa oder den anderen Ufergemeinden des Lago Maggiore. Taxiboote ab Stresa.

Ausflugsmöglichkeiten Paläste und botanische Gärten auf der Isola Madre und der Isola Bella.

Stille und Verkehr Etwas Verkehrslärm vom Ufer her, im Sommer sehr viele Touristen.

Unterkunft Hotel Verbano auf der Fischerinsel sowie einzelne Gästezimmer, vermittelt über das Ristorante Italia, ebenfalls auf der Fischerinsel.

Kontakt Tourismusbüro in Stresa: Tel. 0039 0323 304 16, Fax 0039 0323 934 335
Die Borromäischen Inseln: www.borromeoturismo.it
Hotel Verbano: Tel. 0039 0323 304 08, Fax 0039 0323 331 29, www.hotelverbano.it
Ristorante Italia: Tel. 0039 0323 304 56
Führungen auf Deutsch: www.lagomaggiore-tour.it
Tourismusorganisation des Lago Maggiore: www.lagomaggiore.it

Rasa | Tessin und Norditalien

Die überaus stattlichen Häuser sind typisch für Rasa.

Terrasse in einer steilen Welt

Das Tessin ist eine steile Welt. Ausser auf den Seen geht es fast überall entweder steil rauf oder steil runter. Nach Rasa geht es erst steil runter und dann steil rauf, es sei denn, man nimmt die Seilbahn von Verdasio her. Bevor die Bahn gebaut wurde, lief die Pöstlerin jeden Tag zweimal nach Intragna, um die Post zu holen – zwei Stunden hin, zwei Stunden zurück, bei flottem Marschtempo.

Rasa liegt auf der anderen Seite, dort, wo die Strasse nicht durchführt und wo die Centovallibahn nicht fährt. Dorthin führen Fusswege und immer wieder Materialseilbahnen, die das enge Tal wie Spinnweben überqueren – und die Luftseilbahn nach Rasa. In der Centovallibahn lärmen Schulklassen, und Touristen aus der Deutschschweiz geben sich Mühe nicht als Touristen aufzufallen. Statt «Grüezi» sagen sie «Bon Tschorno». Einheimische hats keine in der Bahn. Die fahren mit dem Auto. Rasa liegt auf einem Vorsprung des Pian Baree, hoch über dem Centovalli. Trotz der Steile rundherum ist es erstaunlich eben. Die Sonne, wenn sie mal die Berge überwunden hat, scheint von allen Seiten ins Dorf. Es ist ein hübsches Dorf, mit einer der Sonne zugewandten «Promenade» entlang den grossen, gepflegten Gemüsegärten, die zu den meisten Häusern gehören. Die gepflasterten Gassen sind so eng, dass garantiert noch nie ein Auto durchgefahren ist und die Bruchsteinmauern sind so hoch, dass sie sich über den Gassen fast zu berühren scheinen. Die Häuser sind stattlich, nicht nur rustikal. Hier fällt das besonders auf, hier, wo jeder Stein und jeder Balken zum Bau eines Hauses stundenlang hinauf- oder hinuntergetragen werden muss.

Die Stattlichkeit kommt nicht von ungefähr. Denn das alte Rasa lag an einem anderen Ort, an einem steileren – Terra Vecchia, das «Alte Land». Die Rasaner bauten sich ein neues Dorf und liessen das alte verfallen, als sie in der Fremde zu Geld gekommen waren. Sie taten dort das, was sie

Rasas «Promenade».

schon immer taten: schwere Lasten steil hinauf- und wieder steil hinuntertragen. Die Männer von Rasa hatten im 18. und frühen 19. Jahrhundert ein Quasi-Monopol als Stauer beim Be- und Entladen von Frachtschiffen im Hafen von Livorno – und investierten das verdiente Geld daheim in ein neues Dorf. Doch als Ladekräne die Lastenträger in den Häfen langsam abzulösen begannen, verödete auch das neue Rasa. Der wuchernde Wald holte sich die der

Steile abgetrotzten und dann mit grossem Aufwand gepflegten Acker- und Weinterrassen zurück. Die Bewohner wanderten wieder aus, kamen aber nicht mehr zurück. Die grossen Häuser begannen zu verfallen – auch im neuen Dorf.

Rasa ist ideal für Familienferien, Seminare oder Ferienlager.

Ende der 1950er-Jahre war Rasa praktisch tot. Daran änderte auch die neue Seilbahn kaum etwas, die das Tal der Melezza von Intragna her überspannte und den langen Fussmarsch fortan obsolet machte. So konnten 1962 ein paar Idealisten aus der Deutschschweiz

Viel Idealismus und wenig Geld

mit wenig Geld und einige kaum mehr bewohnbare Häuser und Stallruinen in Rasa kaufen und langsam renovieren. Daraus ist nach und nach das «Campo Rasa» entstanden, ein Ferien- und Seminarzentrum der etwas anderen Art. Die Unterkünfte sind gepflegt einfach, es gibt grosse Familienzimmer oder Ferienwohnungen, aber auch Seminarräume und eine gut ausgestattete Bibliothek. Gekocht wird für alle dasselbe in sehr grossen Portionen, man isst gemeinsam an grossen Tischen, die Preise sind moderat und Alleinerziehende sowie Mitarbeiterinnen und Mitarbeiter gemeinnütziger Organisationen erhalten Rabatt. Das «Campo» hat dem Dorf wieder Leben eingehaucht. Es gibt wieder Kinder, die mit der Seilbahn nach Intragna zur Schule fahren, eine kleine Bio-Landwirtschaft und keine Ruinen mehr.

Rasa lädt zu ausgedehnten Entdeckungstouren, sei es zum Kastanien sammeln, hinauf zum Pian Baree oder hinunter zum Ruinendorf Ovich. Dort holt sich die Natur endgültig wieder das zurück, was ihr die Menschen einst mühsam entrissen haben.

Anreise Mit dem Zug nach Locarno, weiter mit der Centovallibahn (unterirdischer Bahnhof der FART) nach Verdasio. Die Haltestelle der Luftseilbahn nach Rasa befindet sich unmittelbar neben der Bahnstation. Oder Anreise von Domodossola her. Die beiden Bahngesellschaften FART (Schweiz) und SSIF (Italien) sind sich nicht immer grün, was zu seltsamen Fahrplankonstrukten führt. Am besten erkundigt man sich am Bahnhof.

Ausflugsmöglichkeiten Ausgedehntes Wandergebiet. Die ganze touristische Infrastruktur des Tessins ist mit der Centovallibahn sehr schnell zu erreichen.

Stille und Verkehr Sehr ruhig. Ein Elektrokarren, ein paar Handwagen und ein kleiner Traktor. Wer unbedingt will, kann sich über die Kondensstreifen der südwärts fliegenden Flugzeuge oder über das leise Geräusch von Strasse und Bahn auf der anderen Talseite ärgern.

Unterkunft In Einzel-, Doppel- oder Familienzimmern oder Ferienwohnungen im Campo Rasa.

Kontakt Campo Rasa, 6655 Intragna, Tel. 091 798 13 91, Fax 091 798 13 88, info@camporasa.ch, www.camporasa.ch
Ferrovie Autolinee Regionali Ticinesi (FART): www.centovalli.ch

Luftseilbahnen | Wege zum Ziel

In der Bahn nach Jungen hängen die Passagiere oft über 100 Meter hoch über dem Tobel.

Der letzte Schritt vor dem Fliegen

Luftseilbahnen sind der letzte Zwischenschritt vor dem Fliegen. Nicht von ungefähr werden sie deshalb auch «Schwebebahnen» genannt. Ein oder zwei dünne Drahtseile zwischen Himmel und Erde, das ist es. Man schwebt praktisch lautlos knapp über Baumwipfel hinweg, über immer tiefer werdende Schluchten, rollt in gefährlich scheinendem Schwung über die Tragmasten und der Magen verhält sich dabei genau gleich wie auf einer Achterbahn. Kein Wunder, haben viele Menschen Vorbehalte, wenn es darum geht, in eine Luftseilbahn zu steigen. Traditionsbewusste Touristenorte wie Mürren oder der Stoos sind deshalb froh, dass es parallel zur Luftseilbahn noch eine Standseilbahn gibt, die scheinbar fest mit allen Rädern auf dem Boden steht. Dass wie im Fall von Mürren der Hang mit dem Trassee der Standseilbahn langsam zu Tal rutscht und damit den Jungfraubahnen einiges Kopfzerbrechen bereitet, während die Masten der Schilthornbahn fest und sicher auf ihren Fundamenten stehen, ist dabei irrelevant. Entscheidend ist das subjektive Sicherheitsgefühl.

Sich selbst oder Dinge an Seilen irgendwo hoch- oder rüberziehen, tut die Menschheit schon seit ihren Zeiten auf den Bäumen. Jene, die auf den Bäumen geblieben sind, tun das noch immer.

Die Schilthornbahn bei Gimmelwald.

Die Idee der Luftseilbahn ist deshalb wohl bei den Menschen genetisch veranlagt.

Den ersten grossen Entwicklungsschub machten die Luftseilbahnen im Ersten Weltkrieg. Als sich ab 1915 Österreicher und Italiener in den Dolomiten in einem Stellungskrieg ineinander verbissen hatten, riesige Kasernen in die Gletscher hauten und ganze Berge in die Luft sprengten, gab es einen gewaltigen Bedarf an Transportleistung, der von Trägern und Maultieren nicht mehr zu bewältigen war. Seilbahnen waren da die Lösung: schnell auf- und abbaubar, mit grosser Kapazität, und was entscheidend war, praktisch unabhängig von der Topografie und von den Jahreszeiten. Lediglich der Wind machte bisweilen noch Schwierigkeiten.

Ihren ersten grossen Auftritt touristischer Art hatte die Luftseilbahn schon 1908 mit dem Wetterhornaufzug, einem skurrilen Konstrukt, das eine würfelförmige Liftkabine praktisch vertikal von Grindelwald in Richtung Wetterhorn zog. Der Wetterhornaufzug hatte schon damals alle Charaktermerkmale einer modernen Luftseilbahn, inklusive Fangbremsen und doppelten Tragseilen. 1914 blieben nach dem Kriegsausbruch die Gäste aus und kurz darauf zerstörte ein Felssturz die Talstation. Zudem konnte die zweite Sektion auf den Wetterhorngipfel nie gebaut werden, sodass die Bahn auf einem steilen, schmalen, touristisch nicht eben attraktiven Felsband endete. Als die Konzession 1927 auslief ohne dass die Anlage wieder in Betrieb genommen wurde, wurde sie abgebrochen. Die restaurierte Seilbahnkabine ist heute im Verkehrshaus ausgestellt. Am Wetterhorn wurde die Bergstation wieder hergestellt und in Grindelwald sieht man auf dem Weg zur Grossen Scheidegg Teile der Talstation mit einem Nachbau der Kabine.

Zweimal am Telefon kurbeln, dann wird oben der Motor angeworfen.

Luftseilbahnen sind nicht für die Ewigkeit gebaut. In der Schweiz stammen die ältesten Anlagen aus den 1950er-Jahren und auch diese werden in absehbarer Zeit verschwinden, da sie nach Ablaufen der Konzession total saniert oder abgerissen werden müssen. In Deutschland dagegen gibt es noch ein paar wenige sorgfältig gehegte und gepflegte Luftseilbahnen aus den 1920er- und 1930er-Jahren, wie etwa die Bahn auf den Predigtstuhl oder die Bugbergbahn bei Bad Harzburg. Beide wurden von der Leipziger Luftseilbahn-Pionierfirma «Bleichert & Co.» erbaut. Bleichert hatte die Patente des österreichischen Ingenieurs Louis Zuegg gekauft, die zu einem grossen Teil auf dessen Erfahrungen als Seilbahnbauer in den Dolomiten während des Ersten Weltkriegs zurückgingen.

Viele spektakuläre Bahnen sind deshalb längst wieder verschwunden – wie etwa die Seilbahnen der Landesausstellung über den Zürichsee oder auch die längste Luftseilbahn aller Zeiten. Sie bestand aus vier Sektionen, war 75 Kilometer lang, wurde zwischen

1935 und 1937 gebaut und verband Eritreas heutige Hauptstadt Asmara mit der Hafenstadt Massawa am Roten Meer. 600 kuppelbare Gondeln transportierten in der damaligen italienischen Kolonie Abessinien vor allem Fracht. Die Briten, welche die Italiener als Kolonialherren am Horn von Afrika beerbten, konnten mit dem seltsamen Konstrukt nichts anfangen und demontierten es bis in die 1960er-Jahre weitgehend. Was dann davon noch übrig geblieben war, verschwand in den Wirren eines jahrzehntelangen Bürgerkriegs. Heute zeugen nur noch Reste der Betonfundamente von dieser Bahn.

Die heutigen Seilbahnen dienen in den meisten Fällen touristischen Zwecken, seltener sind sie Strassenersatz, wie etwa in vielen autofreien Orten. Ein extrem komfortabler Ersatz. Der Landweg von der Centovallistrasse auf die andere Talseite nach Rasa wäre auch lang und mühsam, wenn es eine ausgebaute Strasse gäbe. Die modernen Seilbahnen von Arvigo nach Braggio oder von Selma nach Landarenca funktionieren mit ihren automatischen Systemen Tag und Nacht wie Lifte in einem Haus. Sie fahren ohne Fahrplan und wann immer man sie braucht, direkt vom Talboden aus und ohne Rücksicht auf den «Strassenzustandsbericht». Komfortabler geht es nicht – schon gar nicht mit einer Strasse. Das leise Dahinschweben haarscharf über den Bäumen und knapp an den Felsen vorbei ist dann einfach noch spektakuläre Zugabe.

Ebenfalls eine Luftseilbahn der archaischen Sorte, hier in Niederrickenbach.

Kontakt Verband Seilbahnen Schweiz: www.seilbahnen.org
Verkehrshaus der Schweiz: www.verkehrshaus.ch
Seite über Seilbahnen: www.cable-car.de
Informative Seite über Bergbahnen aller Art: www.seilbahn-nostalgie.ch

Blick von Rosswald ins Rhonetal.

Am Brigerberg liess es sich schon immer leben. Die Siedlungsspuren auf diesem Bergrücken über dem Rhonetal sind zum Teil viel älter als unten im Talboden, auch wenn die Leute bisweilen wieder abwandern mussten. Nach einer extrem warmen Periode im Mittelalter kühlte sich das Klima langsam ab, worauf in gewissen Höhen einige lebenswichtige Getreidesorten nur noch spärlich wuchsen.

Der sonnige Rücken von Brig

Die Leute vom Brigerberg arbeiteten in Steinbrüchen, wo die grossen, fürs Wallis so typischen Dachplatten gewonnen wurden, oder am Stockalperweg. Kaspar Jodok Stockalper hatte das Salzmonopol auf dem Weg nach Süden. Salz war vor allem in der wesentlich wärmeren Zeit des Mittelalters ein unverzichtbares Konservierungsmittel und deshalb bisweilen teurer als Gold. Die Familie Stockalper wurde damit so unermesslich reich, dass sie sich in Brig den grössten Wohnpalast der Schweiz baute. Rosswald liegt oben am Brigerberg, auf einem sonnigen Bergrücken mit gewaltiger Aussicht hinunter ins Rhonetal bis zum «Knick» bei Martigny oder auch hinauf zum Simplon, von wo aus Stockalpers weisses Gold nach Brig rieselte und wohin heute die internationale Alpenstrasse mit einer eleganten Beton-Hängebrücke führt. Der

Salz teurer als Gold

Weiler gehört zur Gemeinde Termen und besteht aus einer für das Wallis so typischen modernen Kirche aus den 1960er-Jahren, einem Dorfladen und ein paar Restaurants und sehr vielen Ferienchalets. Hoch kommt man mit dem Auto bis zum Parkplatz am Dorfrand oder mit der Bahn. Innerhalb der Chaletsiedlung herrschen rigorose Fahr- und Transportbeschränkungen, selbst zum

Rosswalds kleiner Badesee.

Bauen und zum Umziehen. Der Parkplatz ist gebührenpflichtig. Dagegen darf man unten im Tal auf dem Parkplatz bei der Luftseilbahn das Auto kostenlos stehen lassen. «Lenkungsabgaben» nennt sich das im Fachjargon.

Vor allem im Winter ist hier viel los. Der Schnee kommt von Süden über den Simplon her und ist auch da, wenn er anderswo fehlt. Das Skigebiet ist nicht sehr gross und nicht allzu schwierig zu befahren, man kann Schlitteln und Schneeschuhwandern, ohne verloren zu gehen.

Rosswald ist eine ideale Winterdestination für Familien mit begrenztem Budget und mit kleinem Bedarf an grossem Trubel. Im Sommer ist es noch ruhiger – mit Ausnahme jener Geräusche, die das ganze Wallis hat. Wenn das Wetter schön wird, kramt Helvetia ihre Kampfflugzeuge aus den Felskavernen und spielt «Steuergelderverdunstis». Doch auch das vergeht schnell. Man lässt die Kinder im Wald Hütten bauen oder im Planschsee baden, geht mal den Stockalperpalast besichtigen oder mit dem Postauto ins Flussbad im Brigerbad. Und lässt es sich gut gehen.

Anreise Mit dem Zug nach Brig, weiter mit dem Postauto bis Rosswald Talstation, von da aus mit der Luftseilbahn.

Ausflugsmöglichkeiten Bei Familien beliebtes Ski- und Wandergebiet. Zermatt, die Badeanlagen des Brigerbads, die Dampfbahn Furka-Bergstrecke, der Stockalperpalast in Brig und andere Attraktionen im Oberwallis.

Stille und Verkehr Parkplatz am Dorfrand, ansonsten sehr ruhig.

Unterkunft Restaurants mit Zimmern, Ferienwohnungen und Chalets, die vermietet werden.

Kontakt Luftseilbahn Rosswald AG: Tel. Talstation 027 923 22 63,
Tel. Bergstation 027 923 20 04, Fax 027 923 12 22, info@rosswald-bahnen.ch, www.rosswald-bahnen.ch
Der Ort Rosswald: Informationsbüro, Tel. 027 923 79 09, www.rosswald.ch
Brig Belalp Tourismus, Postfach 688, 3900 Brig, Tel. 027 921 60 30, Fax 027 921 60 31, www.brig.ch/tourismus
Brigerbad: www.brigerbad.ch
Dampfbahn Furka-Bergstrecke: www.furka-bergstrecke.ch

Wallis | **Gspon**

Gspon verdankt seine üppige Vegetation den alten Wasserleitungen, Suonen genannt.

Nur ein doppelter Elektrozaun hält die Walliser Schwarznasenschafe davon ab, unter dem Zaun hindurchzufressen, dort, wo das Gras schöner und grüner ist. Und das ist hier besonders schön und grün, denn Gspon ist sonnig und warm. So sehr, dass es schon fast karg sein müsste. Doch es blüht und wächst auf 1900 Metern über dem Meer wie anderenorts 1000 Meter tiefer. Die Luftseilbahn von Stalden und Staldenried schwebt

Heiliges Wasser und kämpfende Kühe

über stattliche Gemüsegärten und grosse private Kartoffelacker hinweg, die auf den alten, mit Trockenmauern angelegten Terrassen an den steilen Hängen angelegt sind. Hier wächst alles, dank der Sonne und dank den Suonen. Die Suonen sind künstliche Bewässerungskanäle, mit denen die Walliser seit Jahrhunderten

Gletscherwasser auf ihre Felder leiten. Jede Familie hat Anrecht auf Bewässerung; jedoch nur an bestimmten Tagen. Wird das Wasser dann nicht genutzt, verfällt das Recht. Deshalb sieht man im Wallis die Bewässerungsanlagen auch bei strömendem Regen spritzen.

In Gspon spritzt es nicht. Hier wird nämlich noch nach dem alten System bewässert. Durch kleine Kanäle läuft das Wasser den einzelnen Grundstücken entlang und mit in die Kanäle geschlagenen Wassereisen wird es zum Stauen und Überlaufen gebracht.

Für Kinder ist Gspon ein grosser Abenteuerspielplatz.

Typisch fürs Wallis: Schwarznasenschafe.

Oberhalb von Gspon mündet die Suon «Gsponeri» in einen kleinen künstlichen See. Er dient dem Bewässerungssystem als Ausgleichsbecken, von wo aus das Wasser an alle Grundeigentümer mit Bezugsrecht verteilt wird. Der See ist auch lauschiger Grillplatz und Ausgangspunkt für die Wanderung entlang der Suon hinein ins Saaser Tal oder weiter auf dem Saaser Höhenweg, der bis nach Saas Almagell oder Saas Fee führt. Wie alle Suonen führt die «Gsponeri» hier flach dem Hang entlang durch einen lichten Lärchenwald. Der Wanderweg parallel zum «heiligen Wasser», das durch einen Heimatfilm aus den 1950er-Jahren legendär geworden ist, wurde in den letzten Jahren ausgebaut und zeigt zu gleichen Teilen Walliser Landschaft, Walliser Kulturlandschaft und Walliser Wasserbaukunst.

Von Gspon aus kann man aber auch auf dem Walserweg wandern, jener Route, auf der die Walliser einst erst nach Italien und

Viel Platz und Ruhe auf 1900 Meter über dem Meer.

dann weiter ins Tessin, nach Graubünden an Orte wie Davos oder Arosa und in Gebiete im heutigen Österreich ausgewandert sind. Gspon ist stolz auf seinen Fussballplatz. Er ist angeblich der höchstgelegene in ganz Europa und die beiden lokalen Vereine Gspon I und Gspon II sind fixe Grössen in der Walliser Bergdörfer-Meisterschaft. Diese Mannschaften sind es gewohnt, dass sie vor einem Einwurf gelegentlich sehr weit laufen müssen, um den Ball zu suchen – oder sie spielen mit dem Ersatzball weiter.

Nebst Fussball pflegt Gspon noch einen zweiten Nationalsport. Hier gibts die legendären kämpfenden Kühe der Ehringer-Rasse. Die streitbaren Damen werden jedes Jahr mit einem Alpaufzug und einem grossen Alpfest geehrt. Im Lauf des Sommers kommt dann noch zweimal die «Chästeilet» dazu. Dann wird der Käse anteilsmässig unter die berechtigten Bauern verteilt. Doch das scheint den Eigen-

Die aggressivsten Gsponerinnen.

Königin der Kühe

tümern nicht so wichtig zu sein. Für sie ist viel entscheidender, wer am Schluss Besitzer der «Alpkönigin» ist. Diese Königin wird von den Kühen allein, ohne menschliches Zutun und meist auch ohne Zuschauer, auserkoren. Auf der Weide gilt das System «jede gegen jede». Gewonnen hat am Ende der Saison jene Kuh, mit der sich keine andere mehr anzulegen wagt. Wer Zeit und Musse hat, kann sich mit Wurst, Brot und einem Zweierli Fendant in der Nähe einer Weide ins Gras setzen und während den Ausscheidungskämpfen Wetten darüber abschliessen, welche Kuh den nächsten Kampf gewinnen wird.

Anreise Mit dem Zug nach Brig, weiter mit der Matterhorn Gotthard Bahn (MGB) bis Stalden, von dort mit der Luftseilbahn erst nach Staldenried und weiter nach Gspon.

Ausflugsmöglichkeiten Zwei Skilifte, ausgedehntes Wandergebiet, vor allem auch entlang der Suonen. Zermatt, die Badeanlagen im Brigerbad, die Dampfbahn Furka-Bergstrecke (DFB), der Stockalperpalast in Brig und andere Attraktionen im Oberwallis.

Stille und Verkehr Sehr ruhig, höchstens das eine oder andere landwirtschaftliche Gefährt.

Besonderes In Gspon werden noch die kampflustigen Ehringer-Kühe gezüchtet.

Unterkunft Zwei Restaurants mit Gästezimmern und eine Gruppenunterkunft sowie verschiedene Ferienwohnungen.

Kontakt Restaurant Alpenblick, Gspon, 3933 Staldenried, Tel. 027 952 22 21,
Fax 027 952 23 50,
info@alpenblick-gspon.ch, www.alpenblick-gspon.ch
Pension und Restaurant Mosji: Tel. 027 952 22 34
Eine private Seite über Gspon: www.gspon.com
Die Seite der Gemeinde: www.staldenried.ch

In der Villa Cassel auf der Riederalp feilte der junge Schriftsteller Winston Churchill an seinen Texten.

Die Fehde hatte sich schon mehrere Tage hingezogen, in jenem Sommer 1904. Die Hirten trieben ihr Vieh auf die Weide, da erschien in einem Fenster im zweiten Stock der Villa ein cholerischer junger Mann, der in lauten, aber unverständlichen Worten schimpfte. Und so machten sich die Hirten einen Spass daraus, den wütenden Herrn jeweils morgens und abends «einzuschalten».

Dies ging so lange, bis der Hausherr einschritt, den Hirten mitteilen liess, der junge Herr fühle sich durch das Gebimmel der

Whisky, Cigars and no Sports

Kuhglocken in seiner Schreibarbeit gestört und man wolle doch bitte den Kühen Gras in die Glocken stopfen, wenn sie an der Villa vorbeikommen. Erst recht, weil der junge Choleriker ein Talent sei und möglicherweise eine glänzende Karriere als Schriftsteller vor sich habe. Und wenn nicht, dann würde Winston Churchill in das Unternehmen des Hausherrn Sir Ernest Cassel eintreten.

Cassel war auf Empfehlung, oder mehr noch auf Befehl seines Leibarztes, auf der Riederalp gelandet. Dieser hatte ihn hier oben zu Ruhe verdonnert. Wenn er sich nicht daran halten würde, gäbe es keine weitere Behandlung mehr. Das viktorianische Gesundheitswesen kannte kein Pardon. Und weil sich Sir Cassel für die einfachen Herbergen der Riederalp dann doch zu fein war, baute er sich hier eine stattliche Villa. Dort ging alles ein und aus, was im Empire Rang und Namen hatte, und um ein- und auszugehen wurden die Leute in Sänften hoch- und runtergetragen oder ritten auf Maultieren. Die Einheimischen rieben sich ob den Schrullen der ausländischen «Kraut-Stein- und Bergnarren» verwundert die Augen, betrachteten sie aber als dankbare Quelle für ein Nebeneinkommen.

Auch im Sommer ist das Wallis attraktiv.

Die Riederalp, früher nur ein Sommerweiler, ist durch den Tourismus wie das benachbarte Bettmeralp ein ganzjährig bewohntes Dorf mit etwa 250 Einwohnern geworden. Massgebend daran mitbeteiligt war und ist Art Furrer, der erst als Prominentenskilehrer in den USA Karriere gemacht hatte, die Skiakrobatik miterfunden hat und nach seiner Rückkehr nach und nach mehrere Hotels baute. Zusammen mit Bettmeralp gibt es hier heute ein Skigebiet mit 33 Anlagen, rund 100 Kilometern Skipiste und einem ausgebauten Wanderwegnetz. Im Sommer wird ein reichhaltigeres Programm für wesentlich weniger Gäste offeriert.

Riederalp ist stolz auf den höchstgelegenen Golfplatz in Europa. Es gibt einen Klettersteig, ein Openairkino und einen Gletscherzirkus. Die Massaschlucht lädt zum Canyoning, die Gibidum-Staumauer zum Abseilen und die Thermik zum Gleitschirmfliegen. Und auch die Villa Cassel ist noch da. Nach einer wechselvollen Geschichte als Hotel wurde die zum Spukhaus verkommene Villa 1973 von der Pro Natura gekauft, umfassend renoviert und zum Kurs- und Informationszentrum Aletsch umgebaut. Es werden hier Tagungen und Kurse durchgeführt, man kann aber auch einfach Ferien machen wie zu Sir Cassels Zeiten. Das Haus bietet Platz für bis zu 60 Gäste an einer einmaligen Lage am Eingang zum Aletschwald, im Sommer wie im Winter. Denn auch im Winter muss man hier nicht zwingend Sport treiben. Die Hälfte aller Wintergäste auf der Riederalp fährt nicht Ski und auch Winston Churchills alpinistische Ambitionen sollen sehr limitiert gewesen sein. Er soll einmal gesagt haben, man sei ja eigentlich nur hier, um dem alten Herrn Gesellschaft zu leisten. Und sein Patentrezept zum alt werden ist legendär: Whisky, Cigars and no Sports.

Pro Natura in der Villa

Anreise Mit dem Zug nach Brig, weiter mit der Matterhorn Gotthard Bahn (MGB) bis Mörel, von dort mit der Luftseilbahn oder der Gondelbahn nach Riederalp. Andere Varianten: Mit dem Zug nach Göschenen oder Chur, weiter mit der Schöllenenbahn und MGB via Andermatt nach Mörel bzw. mit der Rhätischen Bahn und der MGB via Oberalppass.

Ausflugsmöglichkeiten Wandern, Bergsteigen, Skifahren, der Aletschgletscher, Dampfbahn Furka-Bergstrecke, Brigerbad.

Stille und Verkehr Strenges Verkehrs- und Lärmbekämpfungsreglement. Im Sommer verkehren Elektromobile und ein Elektrobus zur Bettmeralp. Im Winter verkehren Raupenfahrzeuge, mit denen man aber nicht richtig glücklich ist.

Besonderes Der höchstgelegene Golfplatz Europas.

Unterkunft Hotels, Ferienwohnungen und Chalets, die vermietet werden.

Kontakt Riederalp Tourismus, 3987 Riederalp, Tel. 027 928 60 50,
Fax 027 928 60 51, info@riederalp.ch, www.riederalp.ch
Alpmuseum Riederalp: www.alpmuseum.ch
Pro Natura Zentrum Aletsch in der Villa Cassel: Tel. 027 928 62 20, Fax 027 928 62 23, aletsch@pronatura.ch, www.pronatura.ch/aletsch

Saas-Fee | Wallis

Die kleinen schwarzen Walliser Speicher gibts auch in Saas-Fee.

Nachhaltige Perle in den Alpen

Die Fahrt mit dem Postauto von Brig her scheint nicht aufzuhören. Die Strasse folgt dem Talboden und geht dann, wenn man das Gefühl hat, man sei angekommen, plötzlich nach rechts den Berg hoch und endet auf einer Anhöhe. Dort gibt es viel Beton, Geschäftigkeit und eine Barriere, an der nichts vorbeizukommen scheint. Sie bildet die Pforte zur Erholungs-, Ferien- und Gletscherwelt von Saas-Fee. Hier wird niemand mit einem motorisierten Vehikel durchgelassen, die Autos bleiben im grossen Parkhaus, die Endstation der Postautolinie ist gleich dahinter. Das Dorf Saas-Fee liegt in einer Mulde hinter einer Schlucht und ist umgeben von Drei- und Viertausendern. Eine Welt für sich. Die Gletscher scheinen von allen Seiten ins Dorf zu fliessen. Der Weg in die wirkliche Welt, von der man von der Mulde aus nichts sieht, führt an jener Barriere vorbei – oder über die Berge.

Saas-Fee ist tatsächlich anders als andere vergleichbare grosse Tourismusdestinationen in den Alpen. Der Ort setzt sich seit Jahren für eine nachhaltige, umweltschonende Tourismusentwicklung ein und ist eine der rund hundert Schweizer «Energiestädte», die sich um vorbildlichen Umgang mit Energie, Umwelt und Mobilität bemühen. Das Dorf hat eines der schärfsten Verkehrsreglemente der Schweiz. Innerhalb des Dorfs geschieht der Verkehr ausschliesslich mit Elektromobilen, die schmaler sind als

Energiestadt Saas-Fee

Umgeben von Gletschern liegt Saas-Fee in einer geschützten Mulde.

normale Autos und nicht wie solche aussehen dürfen. Wer ein Elektromobil anschaffen will, muss einen Bedarf nachweisen und vor ein paar Jahren wurde sogar über ein Road Pricing für Elektromobile innerhalb des Dorfs nachgedacht. Davon ist man nun wieder abgekommen, dafür wird das Strassennetz auf Einbahnbetrieb umgestellt und das System der batteriebetriebenen Ortsbusse nach und nach ausgebaut. Fahrzeuge mit Verbrennungsmotoren, die etwa Baumaterial transportieren, sind nur im Frühling und im Herbst zugelassen. Denn nicht nur Lärm und Verkehr sind unerwünscht, sondern auch der Abgasgeruch der Motoren. Dazu fördert die Gemeinde umwelt- und energiegerechtes Bauen und bereits gibt es einige Mehrfamilienhäuser, die den Minergie-Standard erfüllen, sowie ein Hotel mit einem eigenen Blockheizkraftwerk.

Wie das Mattertal wurde auch das Saasertal erst nach dem Zweiten Weltkrieg mit einer Strasse erschlossen und auch hier gab es erbitterte Diskussionen darüber, ob denn dies überhaupt nötig sei und ob man das Auto nicht lieber aus dem Tal fernhalten sollte. Für die Erschliessung der hochgelegenen Talmulde von Saas-Fee wurde zudem über die Variante Standseilbahn oder Strasse gestritten. Schliesslich einigte man sich auf eine Strasse, die aber am Dorfeingang enden sollte und für Autos blieb das Dorf tabu.

Saas-Fee bietet alles, was ein grosser Tourismusort bieten kann – Schlitteln, Skifahren im Winter und im Sommer, eine Bergsteigerschule, ein Sport- und Schwimmzentrum, Klettersteige, eine Sommer-Rodelbahn oder einen Eispavillon, in dem man das Innenleben des Alalingletschers erleben kann. Oder man nimmt es gemütlicher und wandert stunden- und tagelang durch die hochalpinen Natur- und Kulturlandschaften – und freut sich darüber, dass die Menschen hier zu ihrer Welt Sorge tragen.

Anreise Mit dem Zug nach Brig, weiter mit dem Postauto. Parkhaus am Dorfeingang.

Ausflugsmöglichkeiten Wandern, Bergsteigen, Skifahren im Winter und im Sommer, Wellness und vieles mehr.

Stille und Verkehr Kurort von Weltruf mit entsprechend viel Betrieb während der Saison.

Besonderes Saas-Fee zeichnet sich durch ein vorbildliches und rigoros durchgesetztes Verkehrskonzept aus. Zudem trägt das Dorf die Auszeichnung «Energiestadt» und legt grossen Wert auf eine nachhaltige und umweltschonende touristische Entwicklung.

Unterkunft Hotels aller Kategorien, Ferienwohnungen und Chalets, die vermietet werden.

Kontakt Saas-Fee Tourismus, Postfach, 3906 Saas-Fee, Tel. 027 958 18 58, Fax 027 958 18 60, to@saas-fee.ch, www.saas-fee.ch
Wallis Tourismus: www.wallis.ch. Energiestädte: www.energiestadt.ch

Wege zum Ziel | **Elektromobile**

Ein «Jumbolino» aus Zermatt auf der Bettmeralp.

Die Schweizer Automobilindustrie

Die Schweizer Automobilindustrie? Das war einmal – mit Pic Pic, Martini, FBW sowie Saurer und auf der edlen und schnellen Seite Monteverdi. Aber sonst? Es gibt sie noch, und zwar ausgerechnet in autofreien Orten. Saas-Fee und Zermatt haben ihre eigenen Fahrzeughersteller.

Wenn man in Zermatt aus dem Zug steigt, sind sie nicht zu übersehen: die Hoteltaxis und Warentransporter auf dem Bahnhofplatz, alle elektrisch und die meisten aus einheimischer Produktion. Die Hersteller sind die beiden Firmen Stimbo mit Eigentümer Stefan Imboden und die Jumbo-Garage, die im Dorf Fahrzeuge namens «Jumbolino» baut und vertreibt. In Saas-Fee ist es die Garage Bolero, die früher anderswo gebaute Fahrzeuge verkauft hat und seit ein paar Jahren ebenfalls selbst Elektromobile herstellt.

Wie schon früher bei Monteverdi in Binningen BL sind die Produktionszahlen winzig und die Preise astronomisch. Stimbo ist nach jahrzehntelanger Arbeit bei der Seriennummer 175 angekommen. Bolero und Jumbo bauen zwischen zwei und fünf Autos pro Jahr, oft zu einem sechsstelligen Frankenbetrag. Alle Hersteller bauen Personenwagen, Lieferwagen und Lastwagen. Denn in den beiden Dörfern geht ausser Schneeräumen und Müllabfuhr alles elektrisch. Die Geschwindigkeitslimite beträgt 30 Kilometer pro Stunde. Die maximale Breite ist 130 Zentimeter, für Lastwagen mit Kipper 140 Zentimeter. So wollen es die lokalen Verkehrsverordnungen, die rigoros durchgesetzt werden.

Paradedisziplin aller Hersteller sind die Hoteltaxis. Sauber verarbeitet mit sorgfältig gestaltetem Interieur sitzt man zu sechst einander gegenüber wie im Zug. Gepäck findet hinten über dem Motor oder auf dem Dach Platz, Skier und Snowboards in den entsprechenden Halterungen aussen am Fahrzeug. Die Elektromobile sind sehr kompakt und sobald man sich an ihren Anblick gewöhnt hat, beginnt man sich zu fragen, weshalb denn normale Autos zum Transport von gleich viel Personen und Gepäck so viel grösser sein müssen.

Export in die «Üsserschwyz»

In Zermatt und Saas-Fee ist man stolz auf die eigene «Autoindustrie». «Die Fahrzeuge sind gut», heisst es. «Sie werden sogar exportiert, ins Wallis und in die ‹Üsserschwyz›», wie hier die Welt ausserhalb des Rhonetals genannt wird. Allerdings ist der grosse Bedarf zu Hause, und Stimbo hat sich sogar in eine neue Branche vorgewagt. Als das Hotel Riffelalp in Zermatt das vor Jahrzehnten abgerissene Riffelalptram wieder aufbaute, einstmals die höchstgelegene Tramlinie der Welt, hat Stefan Imboden den Batterieantrieb dazu geliefert.

Kontakt Jumbolino: www.jumbo-garage.ch

Wallis | **Zermatt**

Sonnenverbrannte Häuser und das Matterhorn sind die Markenzeichen von Zermatt.

Man kommt nicht drum herum, selbst wenn es sich ziert und in einem dicken Schleier aus Wolken, Schnee und Nebel versteckt. Das Matterhorn ist allgegenwärtig in Zermatt, auf Logos, T-Shirts, Büchern, Postkarten und auf den Wagen der Matterhorn Gotthard Bahn, wie sich das Fusionsprodukt aus Furka-Oberalpbahn und Brig-Visp-Zermattbahn nun nennt.

Zermatt ist ein Fixpunkt auf den internationalen Touristentrampelpfaden durch Europa, zusammen mit dem Glacier Express, der hier startet oder endet, falls man vorher in St. Moritz war. Der Zug wurde in den kriselnden 1930er-Jahren erfunden. Heute, wo es kaum jemandem mehr freiwillig einfallen würde, sieben Stunden lang in einem Zug zu sitzen, ist er weltweit bekannt und eine der grössten Attraktionen der Alpen. Denn er bietet zusammen mit Bergbahnen wie der Gornergratbahn oder der Bahn aufs kleine Matter-

Das Dorf mit dem Horn

Das Panorama erklären – Paradediziplin für alle, die in Geografie aufgepasst haben.

horn alpine Erlebnisse, die anderswo nicht möglich sind. Berge gibt es überall auf der Welt. Doch die meisten Gebirge sind für normale Stadtmenschen unerreichbar und bestenfalls von weitem zu sehen. An Orten wie Zermatt lassen sie sich erleben und erfühlen, vor allem auch, wenn das Wetter gerade nicht so ist, wie es die Prospekte versprechen. Für jene Menschen, denen Berge ohne Bahnen und Restaurants lieber sind, gibts immer Alternativen. Auch in Zermatt.

Dass Zermatt vom internationalen Tourismus nicht zertrampelt wurde und zu einer pseudorustikalen Gebirgsstation mit breiten Strassen und gewaltigen Hotelkästen unter steinplattengedeckten Giebeldächern verkommen ist, ist alles andere als selbstverständlich und eng mit der Autofreiheit verbunden. Diese verdankt das Dorf der Dickköpfigkeit seiner Bürgerinnen und Bürger. Sie lehnten es auch in Zeiten, wo selbst in den Bergen «autogerechte Städte» gebaut wurden, halsstarrig ab, Autos in ihrem Dorf zuzulassen oder auch nur eine öffentliche Strasse von Täsch nach Zermatt bauen zu lassen. Diese Haltung hat dem Dorf grosse Teile seiner alten Struktur erhalten, seine engen Gässlein und seine kleinen Holzspeicher auf tellergrossen Steinplatten, welche die Mäuse abhalten sollen.

Allerdings heisst autofrei nicht verkehrsfrei. Ohne irgendeine Art von Transport geht es nicht in einem Dorf, in dem während der

Hochsaison 30 000 Menschen leben. Fahrzeuge mit Verbrennungsmotoren sind verboten, mit Ausnahme der Müllabfuhr und der Schneeschleuder. Jedoch schwirren rund 600 Elektromobile geräusch- und geruchlos durch das Dorf. Wenn einmal die Schneeschleuder vorbeifährt, hängt der Geruch von Dieselabgasen noch minutenlang in der Luft. Spätestens dann realisiert man den Gewinn an Lebensqualität in einer Welt ohne Autos. Wären in Zermatt Autos erlaubt, bräuchte es für eine solche Anzahl Gäste, Angestellte und Anwohner Strassen und vor allem Parkplätze für rund 8000 Personenwagen. Das hätte das Dorf in seiner ursprünglichen Form ziemlich gründlich zerstört. Zermatt gilt deshalb heute für andere Tourismusregionen als Modell für eine überzeugende, konsequente Verkehrsplanung.

Im Sommer zotteln die Ziegen jeden Tag durchs Dorf – zur Freude der Gäste.

Aus diesem Grund gibt es hier noch immer einiges mehr zu sehen und zu erleben als nur das Matterhorn. Das Haus, von dem aus Edward Whymper im Juli 1865 zur Erstbesteigung des Matterhorns aufbrach, steht noch immer.

Triumph und Katastrophe

Triumph und Katastrophe lagen nahe beisammen, denn auf dem Abstieg stürzten vier seiner Kameraden in den Tod. Das sorgte vor allem im britischen Empire für so viel Wirbel, dass sich Queen Victoria sogar genötigt sah, ihren Untertanen das Bergsteigen zu verbieten. Das klappte allerdings nicht und machte Zermatt und seine Felspyramide nur noch berühmter.

Andere Tourismusregionen schauen deshalb oft mit einem gewissen Neid auf die Walliser und ihr Horn, in der Meinung, der Berg verkaufe sich von selbst. Die Zermatter Touristiker protestieren da heftig: «Das Matterhorn verkauft keine Bergbahntickets, es macht

Zermatt hat ein riesiges Skigebiet, wo man auch im Sommer Skifahren kann.

niemandem das Frühstück und es wäscht keine Wäsche.» Man muss schon noch etwas leisten, auch wenn einem der Herrgott einen derart markanten Berg vor das Haus gestellt hat. Das gilt vor allem, wenn das Horn sich mal wieder nicht zeigt und man den Gästen aus China und Indien händeringend zwischen zwei Sturmböen auf dem Gornergrat erklären muss: «Da drüben wäre es ... wenn man es sähe!»

Anreise Mit dem Zug nach Brig, weiter mit der Matterhorn Gotthard Bahn (MGB) bis Zermatt. Parkplatz in Täsch.

Ausflugsmöglichkeiten Wandern, Bergsteigen, Skifahren im Sommer und im Winter, Wellness und vieles mehr.

Stille und Verkehr Kurort von Weltruf mit entsprechend viel Betrieb während der Saison.

Besonderes Zermatt zeichnet sich durch ein vorbildliches und rigoros durchgesetztes Verkehrskonzept aus, das es ermöglicht, mit wesentlich weniger Fahrzeugen auszukommen. Zum Einsatz kommen fast ausschliesslich Elektrowagen.

Unterkunft Hotels aller Kategorien, Ferienwohnungen und Chalets, die vermietet werden.

Kontakt Zermatt Tourismus, Bahnhofplatz 5, 3920 Zermatt, Tel. 027 966 81 00, Fax 027 966 81 01, zermatt@wallis.ch, www.zermatt.ch
Wallis Tourismus: www.wallis.ch. Die Bahn: www.fo-bahn.ch
Glacier Express: www.glacierexpress.ch

Jungen liegt an einem alten Handelsweg.

Kreuzweg und Betbahn

Die Luftseilbahn von St. Niklaus nach Jungen ist eine der spektakulärsten ihrer Art. Sie führt nicht in der Falllinie den Berg hinauf wie das Luftseilbahnen sonst machen, sondern zieht sich diagonal dem Hang entlang, hoch über einem gewaltigen Tobel, so hoch, wie man sonst eigentlich nur im Flugzeug unterwegs ist. Wem das zu viel Nervenkitzel in einer nur gerade vier Personen fassenden Seilbahnkabine ist, kann sich auch etwa zweieinhalb Stunden lang den abschüssigen Bergpfad hochquälen. Der führt zwar auch durch jenes Tobel. Dafür hat man festen Boden unter den Füssen und insgesamt zwölf Mal, bei jeder Wegkapelle, die Gelegenheit zum inständigen Beten. Der Herrgott dürfte allerdings an der Seilbahn genauso Freude haben wie am Kreuzweg, zumal dort wohl bisweilen intensiver und überzeugter gebetet wird – vor allem, wenn er der Motivation mit etwas Wind nachhilft.

Damit ist auch schon garantiert, dass nach Jungen nie ein Motorfahrzeug kommt. Ausnahme sind die paar landwirtschaftlichen Motormäher, die man den hiesigen Bergbauern jederzeit gönnt. Jungen (die Einheimischen sagen «Jungu») liegt auf einer Sonnenterrasse hoch über dem Mattertal. Von hier sieht man die imposanten Viertausender der Walliser Alpen und überblickt fast das ganze Mattertal.

Weg für die Säumerkolonnen

Jungen ist eine alte Siedlung, viel älter noch als St. Niklaus unten im Talboden. Es liegt an einer alten Wegroute, die vom Turtmanntal ins Oberwallis führte. Der Kreuzweg ist deshalb an einigen Stellen sehr gut ausgebaut. Hier waren nicht nur Pilger unterwegs, sondern vor allem auch Säumerkolonnen, die auf ihren Pferden alle möglichen Güter über den Augstbordpass transportierten und vor allem auch all jene Waren aus den Tälern, welche die Bewohner dem Bischof von Sitten als Zehnten abgeben mussten. Allein schon deshalb dürfte es auf dem steilen Kreuzweg bisweilen mit dem Beten weniger weit her gewesen sein als mit dem Fluchen.

Heute ist Jungen als Etappenort für den Durchgangsverkehr nicht mehr wichtig. Wie sollte es auch. Doch es ist eine Station auf der «Tour du Cervin», einer Wanderroute, die in neun Tagesabschnitten rund ums Matterhorn führt. So kommen öfter Wanderer hier vorbei und erfreuen sich an der hübsch renovierten Kapelle, an der Aussicht und am Restaurant Jungerstübli. Der Wirt bietet in einem Nebengebäude auch eine Unterkunft für acht bis zehn Personen an, in der es aussieht wie in Fredi Murers Film «Höhenfeuer»: ein Holzherd mit russigen Pfannen, die in die Löcher über dem Feuer abgesenkt werden, Betten wie zu Urgrossmutters Zeiten und vor den kleinen Fenstern ein gewaltiges

Die Ferienunterkunft sieht aus wie vor 80 Jahren.

Wallis | **Jungen**

Die stattliche Kapelle von Jungen.

Panorama. Wer sich in der Zeit nicht ganz so weit zurückversetzen lassen will, findet in Jungen aber auch die eine oder andere etwas moderner eingerichtete Ferienwohnung.

Jungen ist vor allem eine Sommerdestination. Skilifte und Schlittelwege gibt es nicht, für Skitouren ist das Gelände zu steil. Höchstens kürzere Ausflüge mit Schneeschuhen kann man unternehmen. Wer im Winter kommen will, sollte sich deshalb mindestens eine Woche Zeit nehmen, weil sich sonst das Heizen und Vorbereiten der Unterkünfte nicht lohnt. Doch wer das wagt, erlebt eine Zeit in einer anderen Welt, mit Stille, Langsamkeit und Beten – zumindest in der Seilbahn.

Anreise Mit dem Zug nach Brig, weiter mit der Matterhorn Gotthard Bahn (MGB) bis St. Niklaus, von dort mit der Luftseilbahn nach Jungen.

Ausflugsmöglichkeiten Wandergebiet, Route «Tour du Cervin» rund ums Matterhorn, Zermatt und weitere Attraktionen im Oberwallis.

Stille und Verkehr Sehr ruhig, keine Fahrzeuge, keine fahrbaren Wege.

Besonderes Kreuzweg und eine Kapelle aus dem Jahr 1762.

Unterkunft Unterkunft beim Restaurant Jungerstübli oder in einem der Chalets (Kontakt über das Restaurant).

Kontakt Restaurant Jungerstübli: Tel. 027 956 21 01 (Juni bis Oktober) oder 079 611 17 47, jungerstuebli@bluewin.ch, www.mypage.bluewin.ch/jungerstuebli St. Niklaus und Region (mit Jungen): www.st-niklaus.ch

Bettmeralp: 23 Kilometer Eis am Stück.

23 Kilometer Eis am Stück

Er ist ein eindrückliches Stück Natur, der grosse Aletschgletscher. Er ist der grösste Gletscher Europas und gehört zusammen mit dem Great Barrier Reef, den Galapagos-Inseln, der Serengeti und dem Yellowstone Nationalpark zum von der UNESCO deklarierten Weltnaturerbe.

Der Gletscher ist nicht einfach nur eine grosse tote Eismasse. Im Innern knackt und kracht es, er bewegt sich vorwärts und schmilzt ab, er formt die Landschaft und bestimmt das lokale Klima und er gibt Auskunft über die Klimaveränderungen.

Die Bettmeralpbahnen haben dazu auf dem Bettmerhorn eine Ausstellung eingerichtet, die «Eiswelt Bettmerhorn». Sie erzählt über die Zusammenhänge innerhalb des Eisriesen und in seiner Umgebung. Doch auch nicht sehr geübte Berggänger können den Gletscher mit einem Führer begehen und erleben. Genauso faszinierend ist aber auch jene Welt, aus der sich der Gletscher gerade eben zurückgezogen hat. Dort sind anfangs nur Geröll und Steine, doch Jahr für Jahr siedeln sich mehr Pflanzen an. So ist auch anhand der Vegetation genau sichtbar, wann der Gletscher wo stand. Oberhalb des Aletschgletschers dehnt sich der Aletschwald aus, ein urtümlicher Wald mit jahrhundertealten Lärchen und Arven, der schon seit 1933 unter absolutem Schutz steht.

Die Bettmeralp war ursprünglich eine Alp, eine Station auf dem alljährlichen Nomadenzug der Walliser Bauern. Im Tal gab es fürs Vieh zu wenig Futter. Weil das Vieh im Gegensatz zum Gras Beine hat, trieb man es im Frühling immer weiter in die Höhe und mähte an diesen Orten gleichzeitig das Heu. Im Herbst kam man mit Vieh, Kind und Kegel wieder stufenweise den Berg herunter, verfütterte das früher im Jahr gemachte Heu, bis man im Oktober wieder in den Dörfern im Tal ankam.

In den letzten Jahrzehnten ist auf der Bettmeralp genau das Umgekehrte dessen passiert, was für Berggemeinden sonst üblich ist. Während anderswo die Menschen die Weiler und Dörfer in den höheren Lagen verliessen, kamen sie hier vom Tal herauf und blieben. Aus der nur im Sommer bewohnten Alp ist ein ganzjährig bewohntes Dorf geworden. 1951 nahm die erste Luftseilbahn nach Bettmeralp den Betrieb auf, ein Jahr später blieben die Hotels auch ganzjährig geöffnet und von da an kamen immer mehr Leute von den Talgemeinden ins Dorf. Hier konnte man günstig Bauland für ein Haus im Baurecht übernehmen und gleichzeitig noch die eine oder andere Ferienwohnung bauen.

Auf der Bettmeralp kommen kleine und grosse Skifahrer auf ihre Kosten.

Mit der Luftseilbahn war man trotzdem schnell im Tal zur Arbeit und wenn nicht, dann kam die Arbeit herauf. Heute ist die Bettmeralp ein richtiges Dorf mit Post, Arzt, Laden, Apotheke, Metzgerei und Kulturzentrum. Es gibt Hotels, vor allem aber Ferienchalets und Ferienwohnungen, was den Ort für Familien mit Kindern besonders attraktiv macht. Das Skigebiet ist nicht besonders schwierig zu meistern, es gibt viele Winterwanderwege, eine Schlittelbahn nach Betten, wenn es der Schnee erlaubt, und eine Sportanlage mit Schwimmbad.

Obwohl im Winter wesentlich mehr Gäste kommen, sind die Ausflugsmöglichkeiten im Sommer noch grösser. Man kann wandern und bergsteigen, der Bettmersee lädt zum Rudern und Fischen. Für die Kinder sowohl von Hotel-

Faszinierende Gletscherwelt

als auch von Feriengästen gibt es ein kostenloses Action-Programm. Einmal backen sie Brot, dann schauen sie sich einen Alpstall an, spielen Minigolf oder sind mit Pferden unterwegs. Ebenfalls sehr beliebt ist das Klettern für Kinder, wo sie unter kundiger Anleitung lernen, die glatten Wände hochzugehen. Dazu gibt es einen Kulturlehrpfad über das Leben im Wallis oder Wanderwege entlang der historischen, Suonen genannten, Bewässerungsanlagen. Und dann ist da immer noch der Aletschgletscher, dessen Faszination nur im Sommer richtig erlebbar ist.

Anreise Mit dem Zug nach Brig, weiter mit der Matterhorn Gotthard Bahn (MGB) bis Betten, von dort mit der Luftseilbahn. Andere Varianten: Mit dem Zug nach Göschenen oder Chur, weiter mit der Schöllenenbahn und MGB via Andermatt nach Betten bzw. mit der Rhätischen Bahn und der MGB via Oberalppass.

Ausflugsmöglichkeiten Wandern, Bergsteigen, Skifahren, der Aletschgletscher, Golf auf der benachbarten Riederalp, Fischen, Rudern auf dem Bettmersee, Dampfbahn Furka Bergstrecke, Brigerbad.

Stille und Verkehr Strenges Verkehrs- und Lärmbekämpfungsreglement. Im Sommer verkehren Elektromobile und ein Elektrobus zur Riederalp. Im Winter sind Raupenfahrzeuge unterwegs, mit denen man aber nicht wirklich glücklich ist.

Besonderes Zusammen mit Riederalp ein weiträumiges autofreies Gebiet.

Unterkunft Hotels, Ferienwohnungen und Chalets, die vermietet werden.

Kontakt Bettmeralp Tourismus, 3992 Bettmeralp, Tel. 027 928 60 60,
Fax 027 928 60 61, info@bettmeralp.ch, www.bettmeralp.ch
Bettmeralpbahnen mit «Eiswelt Bettmerhorn»: www.bettmeralpbahnen.ch

Die Zwischensaison im Grand Hotel hat einen besonderen Reiz.

Ein Palast für sich allein

«Für mich und die Mäuse» soll Zarin Katharina die Grosse gesagt haben, als man sie gefragt hat, für wen sie den gewaltigen Winterpalast in St. Petersburg gebaut habe. Die Aussage mag überheblich klingen, doch bisweilen hat es seinen Reiz, schöne Dinge allein und nicht in grossen Herden zu geniessen. Und so stellt sich die Frage nach der besten Reisezeit. Ja, wann ist sie denn, die beste Reisezeit? Wenn das Wetter am wärmsten, Wasserfälle am spektakulärsten, die Blumen am farbigsten sind? Dann, wenn es die gescheiten Reiseführer und Ferienbroschüren empfehlen oder einfach dann, wenn alle Leute da sind? Wenn man vor lauter Fotoapparaten den Berg nicht mehr sieht und die Mobiltelefone der Touristen den Bergbach übertönen?

Reizvoll ist es vor allem auch dazwischen. Die Jungfrau oder der Lago Maggiore sind auch Anfang Mai oder Ende Oktober da, der

Bergfrühling ist in den Bündner Südtälern im Juni am spektakulärsten, der Schnee ist auf der Alpensüdseite schon im März weg und die Sonne alleweil für einen Sonnenbrand gut.

Wenn man schon die Ruhe eines Orts mit wenig Verkehr und keinen Autos sucht, ist die beste Reisezeit oft die Zeit zwischen den Reisezeiten. Viele Orte betreiben heute einen beträchtlichen Aufwand dafür, dass dem Gast zu allen

Der einzige Gast ein Ehrengast

Jahreszeiten etwas geboten wird. Bergbahnen und Museen bleiben geöffnet, man kann auch im November warm eingehüllt in der Sonne sitzen und die überall aus dem Boden sprudelnden Wellnessangebote sind ohnehin saisonunabhängig.

Genau dann hat die Zwischensaison ihren grossen Reiz. Man wird zuvorkommend bedient, der Patron hat Zeit, einem die Geschichte des Hotels zu erzählen, der Maschinist der Bergbahn erklärt mit Liebe und Hingabe seine Anlage und man fühlt sich als Gast, ja sogar als Ehrengast und nicht als Tourist. In der Zwischensaison ist der Kunde ganz besonders König, vor allem auch deshalb, weil er dann den (Hotel-)Palast für sich alleine hat. Und für die Mäuse.

Informationen Der Bündner Filmemacher Daniel Schmid hat unter dem Titel «Zwischensaison» einen Film über seine Kindheit im Hotel Schweizerhof in Flims gedreht. Informationen dazu: www.tcfilm.ch/saison_txt_d.htm
Informationen zu Daniel Schmid: www.daniel-schmid.com

Ein mächtiger Spaltkeil schützt den alten Wengener Stall vor Lawinen.

Wengener Geschichten

Fast etwas verschämt stehen sie ganz oben auf einem Regal im Sportgeschäft: mit doppelten Stichen an der Sohle, eingenähter Schweinsblase zwischen Innenschuh und Obermaterial, um sie wasserdicht zu machen, mit den charakteristischen Kabeln und den verstellbaren Schnallen, die andere Hersteller noch immer produzieren. Jeder einzelne von Karl Molitors Skischuhen ist ein kleines Kunstwerk. Allein die Arbeit an jedem Paar würde heute rund 1700 Franken kosten. In den guten Zeiten verliessen rund 10 000 Paare pro Jahr die Schuhfabrik Molitor in Wengen – bis Anfang der 1970er-Jahre der Kunststoffschuh aufkam. Davon musste man 800 Stück täglich herstellen können und nicht nur 40, sonst lohnten sich die Investitionen in die Maschinen nicht. Von der Schuhfabrik Molitor ist noch das Sportgeschäft geblieben – und der Seniorchef, der dafür gesorgt hat, dass alle seine Angestellten irgendwo unterkamen.

Karl Molitor war Skirennfahrer und wurde Unternehmer, in dem er andere Skirennfahrer als Vertreter seiner Schuhe anstellte. Und er hat viel zu erzählen. Etwa, wie er mit ein paar anderen Schweizern nach dem Zweiten Weltkrieg in den USA Skirennen gefahren ist und wie die Viererkombination bestehend aus Abfahrt, Slalom, Langlauf und Sprunglauf funktionierte. Wer die gewann, war der Held.

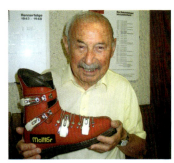

Karl Molitor mit einem seiner Schuh-Kunstwerke

Wengen gehört wie die beiden anderen autofreien Orte Mürren und Gimmelwald zur politischen Gemeinde Lauterbrunnen. Doch die Mürrener Gäste kommen nicht nach Wengen und umgekehrt. Wer in Wengen lebt, hat oft mehr Kontakt mit den Grindelwaldnern auf der anderen Seite der Kleinen Scheidegg als mit den Leuten auf der anderen Seite des Lauterbrunnentals.

Das Tal ist vor allem auch im Talboden imposant. Topfeben unten, links und rechts Vertikalen, mit dem Staubbachfall, einem Wasserfall, der ins Nichts stiebt. Nach Wengen gibt es noch immer

Auch das Heizöl kommt per Bahn von Lauterbrunnen her.

keine Strasse. Lauterbrunnen ist das Basislager für die Versorgung von Mürren und Wengen. Spätestens hier werden Gemüse, Mineralwasser und Zeitungen auf die Bahn umgeladen. Heizöl wird in Zisternenwagen umgepumpt. Davor stehen würfelförmige Elektrolokomotivchen, deren bronzene Herstellerschilder verkünden: Brown Boveri & Cie, Baden, 1923. Wengen ist ein behäbiges Dorf mit langen Geschichten und alten Helden. Die Dinge ändern sich langsam hier. Wie überall, wo der Transport schwierig ist und

Für die Kinder ist das Dorf ein Abenteuerspielplatz.

Altertümliche Elektromobile sind typisch für Wengen.

die Steuern hoch sind, ist auch in Wengen der ganz grosse Bauboom ausgeblieben. Es gibt noch immer grosse freie Flächen im Dorf, kunstvoll geschichtete Holzbeigen, Kinder, für die das ganze Dorf ein Spielplatz ist, und kurlige, altertümliche Elektromobile.

Nur einmal jährlich ändert sich das schlagartig. Mit dem Lauberhornrennen, wenn an jenem unscheinbaren Buckel zwischen den gewaltigen Berner Viertausendern das spektakulärste Skirennen der Welt stattfindet. Es ist das längste Rennen im Weltcup, eines der ältesten und steht mit seinen engen Durchfahrten unter Bahnbrücken, auf Waldwegen und abenteuerlichen Sprüngen knorrig quer im Hightech-Skizirkus mit seinen geplanten und standardi-

Wenn Wengen brummt

sierten Pisten. Während des internationalen Lauberhornrennens brummt Wengen. Die gesamte Transportkapazität der Zahnradbahn ist für die Woche davor schon minuziös verplant. Fernsehmitarbeiter legen Leitungen, Schneekanonen schneien, Hunderte von Helfern schaufeln und stampfen Schnee und oft ist bis Tage oder gar Stunden vor dem Rennen nicht klar, ob es nun zwei Rennen gibt oder gar keins.

Doch dann zieht der Zirkus weiter und Wengen hat seine Behäbigkeit zurück, welche die treuen Gäste so schätzen. Dann erzählt man sich wieder die Geschichten aus jener Zeit, als es noch darauf ankam, ob die Skier aus Splint- oder Spiegelholz waren und als die Wengener Gertsch-Skibindung Furore machte und die Wahl der Kante über Sieg und Niederlage entschied. Und dann ist da auch noch die Geschichte von den Wengenern in Alaska und den «Girzli-Bären», von den Lauberhornrennen oder wie das war mit den Lawinen 1999, die das Café Oberland und die Station der Männlichenbahn zerstört haben.

Anreise Mit dem Zug ab Interlaken nach Lauterbrunnen, weiter mit der Zahnradbahn nach Wengen. Parkhaus in Lauterbrunnen.

Ausflugsmöglichkeiten Jungfraujoch, ausgedehntes Wanderwegnetz, breites Winter- und Sommersportangebot.

Stille und Verkehr Wengen hat in den letzten Jahren eine weit weniger konsequente Verkehrspolitik betrieben als die Walliser Tourismusorte, weshalb hier wesentlich mehr Fahrzeuge mit Verbrennungsmotoren unterwegs sind. Im Herbst 2004 haben die Stimmbürger der Gemeinde Lauterbrunnen (zu der Wengen gehört) in einer Konsultativabstimmung entschieden, dass die Autofreiheit konsequenter durchgesetzt werden soll. Damit dürfte Wengen erheblich an Attraktivität gewinnen.

Besonderes Höhepunkt der Wintersaison ist das Lauberhornrennen, das jeweils Mitte Januar stattfindet.

Unterkunft Was gewünscht wird: vom Massenlager über die Ferienwohnung bis zu Hotels der gehobenen Klasse.

Kontakt Tourist Information Wengen, Wengiboden, 3823 Wengen,
Tel. 033 855 14 14, Fax 033 855 30 60, info@wengen.ch, www.wengen-muerren.ch
Die Bahn: www.jungfraubahn.ch. Das Skirennen: www.lauberhorn.ch

Wo man auch hinschaut in Mürren – überall sind Felswände.

Auf und zwischen Wänden

Mürren hiess einmal «Auf den Muren», was so viel heisst wie «Auf der Wand». Und wenn man sich im flachen Talboden des Lauterbrunnentals befindet, kann man sich kaum vorstellen, dass auf diesen Felswänden Leben möglich ist. Mit Luft- oder Standseilbahn oben angekommen, wird das Tal zwar weiter, doch man ist noch immer umgeben von Wänden. Da ist der Schwarze Mönch, die Jungfrau und die Eigernordwand, immer mal wieder auch ein Gletscher. Zwar sind diese alle auf der anderen Talseite und trotzdem, oder wohl gerade deswegen, sind sie Respekt erheischend. Wenn Wolkenschwaden im Tal hin- und herwabern, zeigt sich einmal der Eiger, verschwindet wieder, und dann erscheint eine andere drohende Wand. Eine Inszenierung aus Eis, Fels und Nebel. Und steil ist nicht nur das Tal, steil sind auch die Namen der Menschen, die hier leben – die Ambühls, die von Allmens, die Abegglens und Stägers.

Man hat Zeit in Mürren.

Mürren gehört zu jenen Orten, wo die Briten begannen, die Alpen zu entdecken. Es gibt Gäste, die seit Jahrzehnten hierher kommen. Und immer wieder treffen Leute ein, die sehen wollen, wo ihre Grosseltern und Urgrosseltern Skigefahren sind. Nach Mürren kommt man nur einmal oder immer wieder, heisst es.

Der Ort wirkt klein, auf der Hauptstrasse gibt es keine Trottoirs. Einem japanischen Touristen ist die Nähe offenbar dermassen peinlich, dass er jeden einzelnen Gast im Strassencafé grüsst. Um halb zwölf Uhr fegt eine lärmende Wolke von leuchtenden Diagonalstreifen auf Fahrrädern durchs Dorf. Die Schule ist aus. Neben Fahrrädern sind Handwagen und Elektrofahrzeuge die bevorzugten Transportmittel in Mürren. 300 Einwohner gibt es hier, davon 25 Schulkinder. Obwohl politisch eine Fraktion der Gemeinde Lauterbrunnen, hat Mürren noch immer eine eigene Schule. Allerdings wird nun über eine Zusammenlegung mit jener der Fraktion Gimmelwald nachgedacht.

Wenn die Schule aus ist, brauchen die Kinder die ganze Hauptstrasse für sich.

Nach Mürren führen zwei Bahnen: die alte, zu den Jungfraubahnen gehörende Standseilbahn ab Lauterbrunnen und die in den 1960er-Jahren erstellte Luftseilbahn, die von Stechelberg über Gimmelwald bis aufs Schilthorn führt. Sie hatte ihren ersten grossen Auftritt im James-Bond-Film «On her Majestys Secret Service», der zu einem einzigen langen Werbespot für das Berner Oberland wurde und in dem ein junger, viel versprechender Skirennfahrer seine Karriere als Stuntman vorzeitig abbrechen musste. Er stürzte vor den Kameras schwer und danach spuckte eine Schneeschleuder einen Moment lang eine rote Schneefahne aus – zumindest im Film. Bernhard Russi hiess der arme.

Der Nebel zeigt mal eine Felswand, dann wieder einen Berggipfel.

Auch wenn in Mürren alles etwas zurückhaltender zu und her geht als in anderen Wintersportorten, Glamour und Action gibt es auch hier. Show- und Sportstars machen im Ort immer wieder diskret Ferien – auch weil die Paparazzi anderswo unterwegs sind. Und was für Wengen das Lauberhornrennen, ist für Mürren das

Skurrilstes Skikrennen

Infernorennen. Es gilt als längstes und wohl auch skurrilstes Skirennen der Welt, mit rund 2000 Metern Höhendifferenz vom Schilthorngipfel bis hinunter nach Lauterbrunnen. Eingeführt wurde es 1928 vom Gründer des alpinen Skisports, dem Briten Arnold Lunn, mit Massenstart, Tiefschnee- und Waldpassagen. Früher war die Routenwal weitgehend frei, jetzt sind zumindest ein paar wenige Kontrolltore zu passieren, wobei Gegensteigungen zur Route gehören und man mit beiden, einem oder gar keinen

Skis im Ziel ankommen darf. Der Streckenrekord liegt in etwa bei einer Viertelstunde.

Doch in Mürren kann man mehr als nur Skifahren. Es gibt ein grosses Sportzentrum mit Hallenbad und einem 50-Meter-Schwimmbecken und neben vielen Hotels und Ferienwohnungen in allen Preisklassen auch das Sport-Chalet, das eigene Tennisplätze besitzt und eine ideale Infrastruktur für Sport- und Trainingslager im Sommer wie im Winter bietet. Wer einmal als Kind hier im Lager war, kommt wohl immer wieder zurück. Die gewaltigen Felswände und das Donnern der Lawinen, die sich im Frühling jeweils am späteren Nachmittag von den Felswänden lösen, lassen einen nicht mehr los.

Anreise Mit dem Zug ab Interlaken nach Lauterbrunnen, von da mit dem Postauto nach Stechelberg und mit der Schilthornbahn via Gimmelwald. Standseilbahn ab Lauterbrunnen. Grosser Parkplatz in Stechelberg.

Ausflugsmöglichkeiten Ausgedehntes Wanderwegnetz, breites Winter- und Sommersportangebot. Sehenswert auch die Trümmelbachfälle im Lauterbrunnental oder der Mystery Park in Interlaken, dazu das gesamte touristische Angebot des Berner Oberlands vor der Haustür bzw. unter der Wand.

Stille und Verkehr Einige wenige Elektrofahrzeuge, kein nennenswerter Verkehr, zurückhaltende Destination mit langer Tourismustradition.

Besonderes Höhepunkt der Wintersaison in Mürren ist jeweils das Infernorennen in der zweiten Januarhälfte.

Unterkunft Mürren bietet die ganze Palette des touristischen Angebots, seien es Ferienwohnungen oder Hotels der gehobenen Klasse.

Kontakt Tourist Information Mürren, 3825 Mürren, Tel. 033 856 86 86,
Fax 033 856 86 96, info@muerren.ch, www.muerren.ch
Die Seilbahn: www.schilthorn.ch. Der «Ehrenbürger»: www.jamesbond.com
Das Skirennen: www.inferno-muerren.ch

Gärten und geräumige Holzhäuser in Gimmelwald.

Die Frauenfeuerwehr auf der Zwischenstation

Gimmelwald ist Erleichterung – jedenfalls für die meisten, die von Stechelberg her mit der Schilthornbahn nach Mürren kommen. Es ist dort, wo die Kabine der Luftseilbahn ankommt, nachdem sie scheinbar nur um Haaresbreite nicht in die Felswand geprallt ist und sich gerade im letzten Moment noch auf den rettenden Felsvorsprung hieven konnte. Hier steigt man um in einen flacheren Abschnitt der Bahn, hier beginnt man zu glauben, dass auf den Felswänden des Lauterbrunnentals Leben möglich ist.

Auf den beiden Abschnitten zwischen Stechelberg und Gimmelwald sowie Gimmelwald und Mürren gibt es nur je eine Seilbahnkabine, die Drahtseile sind miteinander verbunden, man trifft sich immer in der Mitte. Die Umlenkrollen sehen aus wie ein Kunst-

Gimmelwald | Bern

Nicht Bernhard Luginbühl, sondern die Schilthornbahn.

werk von Bernhard Luginbühl. Alle halbe Stunde beginnen sie sich zu drehen und künden mit sonorem Dröhnen eine neue Fuhre erleichterter Touristen an.

Wer nicht um- sondern aussteigt, kommt in einen sympathischen kleinen Weiler, in dem es dank dem Mountain Hostel oft von jugendlichen Rucksacktouristen aus den USA wimmelt, wo eine engagierte Dorfschule eine aufwändige eigene Internetseite betreibt und eine Frauenfeuerwehr mit Schlauch und Pumpe losjagt, wenns brennt.

Gimmelwald liegt nur 300 Meter tiefer als Mürren, doch sieht hier die Welt gleich anders aus. Es liegt etwas windgeschützter und vor allem nach Süden exponiert. Hier ist es wärmer, sonniger,

Zwei Wochen früher Frühling

es gibt eine etwas andere Vegetation und der Frühling kommt jedes Jahr zwei Wochen früher als in Mürren. Auch sonst ist es anders als Mürren – allein schon die Sache mit der Bahn. Mürren wurde bereits um die Jahrhundertwende mit der Standseilbahn erschlossen.

In Gimmelwald herrscht das ganze Jahr hindurch quirliges Leben. Von 120 Einwohnern sind 19 Kinder, man ist gut erschlossen, Einwohner arbeiten in Interlaken und die zehn Bauern sind meist auch nicht gerade im Dorf wenns brennt. Die Idee der freiwilligen Frauenfeuerwehr kam den Gimmelwaldnerinnen während eines Brandes bei einem Föhnsturm. Die Frauen sind meistens irgendwo im Dorf und sie wollten zumindest in den ersten zehn Minuten die Spritze und Leiter in die Hand nehmen können, wenn noch am meisten zu retten ist und die Männer noch nicht einsatzbereit sind.

Nach Gimmelwald kam man noch bis 1965, als die Schilthornbahn eröffnet wurde, ausschliesslich zu Fuss. Die beiden Orte konkurrieren sich nicht, sie ergänzen sich. Autofrei sind sie beide. Gimmelwald ist beschaulich, warm und man kann hier schon viel früher im Jahr auf weitläufigen, schneefreien Wanderwegen spazieren.

Und Gimmelwald ist kreischender Schrecken – wenn die Seilbahnkabine beschleunigt, in schnellem Bogen über den Masten rollt und die Felswand hinunterzustürzen scheint.

Anreise Mit dem Zug ab Interlaken nach Lauterbrunnen, von da mit dem Postauto nach Stechelberg und mit der Schilthornbahn weiter nach Gimmelwald. Grosser Parkplatz in Stechelberg.

Ausflugsmöglichkeiten Ausgedehntes Wanderwegnetz, breites Winter- und Sommersportangebot eine Seilbahnlänge entfernt in Mürren, sehenswert auch die Trümmelbachfälle im Lauterbrunnental oder der Mystery Park in Interlaken.

Stille und Verkehr Keine Autos, sehr ruhig. Beschaulicher Weiler mitten in der grandiosen Szenerie der Berner Oberländer Gebirgsgiganten, dank der Schilthornbahn sehr gut erreichbar.

Besonderes Gimmelwald hat einen Netzauftritt, der manchen Tourismusdirektor vor Neid erblassen lässt. Die vom Dorflehrer unterhaltene offizielle Seite gibt eine Fülle von Informationen über Gimmelwald – in Deutsch, Italienisch, Englisch, Französisch, Schwedisch und Arabisch.

Unterkunft Gimmelwald bietet eine Vielzahl von Übernachtungsmöglichkeiten, angefangen von Pensionen über das Mountain Hostel bis hin zum «Schlafen im Stroh».

Kontakt Gimmelwald Tourismus, Niederimatten, 3826 Gimmelwald,
Tel. 033 855 33 81, Fax 033 855 46 81, www.gimmelwald.ch
Die Seite der grossen anglophonen Gimmelwald-Fangemeinde:
www.gimmelwald.com
Die Seilbahn: www.schilthorn.ch. Die Wasserfälle: www.truemmelbachfaelle.ch

Auf der Planalp genehmigen sich die Loks einen Schluck Wasser – im Bild eine «rauchende» aus den 1930er-Jahren.

Mit Dampf und Zähnen

Am Brienzer Rothorn dampft es seit über hundert Jahren und der Dampf wird nicht weniger. Weniger wird nur der Rauch. Die Brienz Rothorn Bahn (BRB) betreibt drei Generationen Dampflokomotiven, gebaut in den Jahren 1892–94, 1936 und 1992 sowie 1996. Während die älteren Maschinen noch mit Kohle betrieben werden, verbrennen die neueren handelsübliches Heizöl – so sauber, dass man keinen Verbrennungsgeruch mehr bemerkt, im Gegensatz zu den stinkenden Dieselloks aus den 1970er- und 1980er-Jahren, die immer seltener eingesetzt werden.

Das Brienzer Rothorn ist zwar im Vergleich zu den Giganten der Region eher unscheinbar, doch hat man von hier aus eine fantastische Rundsicht auf die Berner Alpen und aufs Mittelland. Das Horn ist ein idealer Wanderberg und man kann an verschiedenen Zwischenstationen aus- und wieder einsteigen, etwa auf der

Planalp, wo die Lokomotiven Wasser fassen bevor sie weiterfahren. Die Brienzer lieben ihre Bahn und viele Mitarbeiterinnen und Mitarbeiter sind so stolz, dass sie als Berufsbezeichnis «Mitarbeiter BRB» im Telefonbuch eintragen lassen. Die Liebe geht bis ins Detail. An der Bergstation warten auf die Hunde der Berggänger ein gefüllter Fressnapf und Wasser, bei den Familienfeuerstellen unterwegs liegt immer Brennholz bereit und auch die locker aus den offenen Wagen geworfenen Schnuller der Kleinsten

Fantastische Fernsicht

Die Brienz Rothorn Bahn betreibt die modernsten Dampflokomotiven der Welt – leistungsfähiger und sauberer als Dieselloks.

sind nicht wirklich verloren. Die Streckenwärter sammeln sie ein und hängen sie an einen Baum neben der Strecke. An diesem «Nuggibaum» wachsen inzwischen ganze Trauben von Schnullern und jedes Jahr werden es mehr.
Doch für das Brienzer Rothorn gilt mehr als für alle anderen autofreien Destinationen: Der Weg ist das Ziel. Die Dampfbahn ist eine mindestens so grosse Attraktion wie der Berg und zieht mehr Gäste an, als die leichter zu erreichende Luftseilbahn, die von Sörenberg her aufs Rothorn führt und bei der die Fahrt nur gerade die Hälfte kostet. Die Lokführer mit weissem Hemd und rotem Halstuch polieren ihre ehrwürdigen alten Maschinen und

erklären dem staunenden Publikum, dass ihre modernen Dampflokomotiven sauberer und leistungsfähiger sind als die Diesellokomotiven. Und auch bei den mit Kohlen gefeuerten alten Maschinen gehts modern zu und her. Bei der Runterfahrt hält der Zug kurz vor der Talstation einen Moment lang an und ein computergesteuertes Förderband füllt ohne Staubwolken in wenigen Sekunden 350 Kilogramm Kohle in den Bunker.

Eine Spezialität der BRB ist die so genannte Berner Oberländer Dampfkette. Man fährt am Nachmittag mit dem Schaufelraddampfer «Lötschberg» von Interlaken nach Brienz, dann mit dem Dampfzug hoch aufs Rothorn, übernachtet im Hotel Kulm und fährt am nächsten Tag auf dem selben Weg wieder zurück. Und manchmal dampft in Brienz noch

Ölen, fetten, polieren an den alten Maschinen.

viel mehr, etwa die Ballenberg Dampfbahn auf der Brünigstrecke, die Dampfwalzen der Schweizer Baumeister oder die kleinen Dampfschalupen, die fröhlich gegen die grosse «Lötsch» antuten. Wer den Dampf nicht nur hören, riechen und fühlen will, darf ihn auch selbst machen. Die Brienz Rothorn Bahn bietet Heizerkurse an, für Anfänger, Fortgeschrittene und als Repetition. Denn eine Dampflok heizen will gelernt sein: nicht einfach Kohle ins Feuerloch schaufeln, sondern schön sorgfältig in einer dünnen Schicht über den ganzen Rost verteilen, dazu den Druck des Kessels kontrollieren und immer dafür sorgen, dass der Lokführer genügend Dampf zum Fahren hat. Die Dampfsaison startet jeweils im Mai mit einer grossen «Iifüürete» und endet im Oktober mit einer «Uustrinkete» im Hotel Kulm.

Bern | Brienzer Rothorn

Berge, wohin man schaut.

Anreise Mit dem Zug nach Interlaken und weiter mit der Brünigbahn oder dem Kursschiff nach Brienz, von Luzern her mit der Brünigbahn bis Brienz. Die Station der Brienz Rothorn Bahn befindet sich unmittelbar beim Bahnhof und der Schiffsstation.

Ausflugsmöglichkeiten Sehr gutes Wanderwegnetz, Märli-Bahn HOPP für die Kinder, Freilichtmuseum Ballenberg, Mystery Park in Interlaken, Rosenlauischlucht, Reichenbachfälle.

Stille und Verkehr Sehr ruhig und die Geräusche der Dampflokomotiven gehören dazu.

Besonderes Am Brienzer Rothorn gibt es eine stattliche Steinbockkolonie – ein faszinierendes Erlebnis, vorausgesetzt man ist bereit, etwas Geduld und Ausdauer zu investieren.

Unterkunft Unterkunft im Hotel Rothorn Kulm in Einer-, Doppel-, Vierer- oder Achterzimmer, Spezialangebote für Wandergruppen oder Schulklassen.

Kontakt Brienz Rothorn Bahn AG, Postfach, 3855 Brienz, Tel. 033 952 22 22,
Fax 033 952 22 10, info@brienz-rothorn-bahn.ch, www.brienz-rothorn-bahn.ch
Hotel Rothorn Kulm: Tel. 033 951 12, Fax 033 951 12 51 21,
hotel-rothorn@brienz-rothorn-bahn.ch
Hersteller der Dampfloks: www.dlm.ag

Die Bergstation auf der Schynigen Platte.

«Das ist aber eine komische Eisenbahn. Hier kann man in der Mitte ja gar nicht durchlaufen», sagt ein Mädchen aus England zu seinem Vater. Und der erklärt geduldig, dass früher fast alle Eisenbahnen so waren, in den Anfängen des Tourismus.

Eine lange Bahn in die Vergangenheit

An der Bahn, die auf die Schynige Platte führt, hat sich seit den Anfängen tatsächlich nicht viel verändert. Die elektrischen Lokomotiven sind hier so altmodisch wie die Dampflokomotiven auf dem Brienzer Rothorn modern. Zwei gewaltige Gleichstrommotoren verrichten da sicht- und hörbar ihre Arbeit und der optische Unterschied zu den Dampfmaschinen jener Zeit liegt höchstens in ein paar Details. Gebaut wurden die Maschinen von der «Société d'Electricité Alioth Münchenstein-

Bâle», einer Firma, die schon 1911 von «Brown Boveri & Cie» geschluckt wurde. Doch die Lokomotivchen schaffen die 50-minütige Bergfahrt über 1403 Höhenmeter anstandslos. Die Aussicht auf den Thuner- und Brienzersee wird immer schöner, jene auf die Gebirgsgiganten des Berner Oberlands immer gewaltiger und die Spiele immer lauter, mit denen sich die Kinder die Zeit des Hochholperns vertreiben.

Die Bergstation der Schynigen Platte liegt auf 1976 Meter über dem Meer und kann es damit nicht mit anderen Gipfeln der Region aufnehmen. In der Belle Époque wurde der Berg, der seinen Namen von den manchmal in der Sonne gleissenden Schieferformationen hat, mit einer Zahnradbahn erschlossen. Denn von hier aus ist die Aussicht besonders schön und man gelangt auf relativ einfachen Wanderungen ins Lauterbrunnental, nach Grindelwald oder hinunter an den Brienzersee.

Nicht nur die elektrische Zahnradbahn, auch alles andere an der Schynigen Platte hat den kauzigen Charakter des Vergangenen. Die Bahn ist nur während fünf Monaten im Jahr in Betrieb und das sieht man ihr an. Die Betriebszeit ist viel zu kurz, um genügend Geld für grössere Modernisierungen einzuspielen, sowohl bei der Bahn wie auch im Hotel Schynige Platte. Deshalb haben sich überall jene reizvollen kleinen Details der Geschichte erhalten, die anderenorts längst wegrenoviert worden sind, seien es Türfallen, Fenstergriffe oder der Ofen im Schalterraum der Bergstation. Im Hotel gibt es im zweiten Stock in ein paar Zimmern eine Teddybärenausstellung. Doch der Reiz des Hauses liegt anderswo. Hier kann man zu moderaten Preisen reichhaltig essen und stilvoll über-

Trotz Sommerbetrieb brauchts auch Schneepflüge.

Reizvolle kleine Details

nachten. Der grosse bärtige Schlüssel öffnet eine Tür zu einem Zimmer mit weiter Aussicht und einer langen Geschichte, wenn es sie erzählen könnte. Fliessendes Wasser gibt es nicht, dafür aber grosse altertümliche Betten und für jedes Bett eine Waschkommode mit polierter Marmorplatte, einem Waschbecken und einem bauchigen Wasserkrug.

Neben dem Hotel und der Aussicht gibt es auf der Schynigen Platte auch noch einen Alpengarten. Er zeigt eindrücklich, wie reichhaltig die Pflanzenwelt ist in dieser auf den ersten Blick karg und lebensfeindlich erscheinenden Höhenlage.

Reichhaltiger Alpengarten

Auf der Schynigen Platte gibt es sehr viele Eltern mit Kindern. Die wenigsten kommen wohl der Teddybären wegen. Draussen gibt es Spielplätze, viele grosse Steine zum draufrumklettern und Wanderwege, auf denen auch die Kleinen nicht so schnell müde werden. Zudem transportiert die Bahn keine Velos, sodass die Wanderer die Wege für sich alleine haben. Und für die Kinder ist es spannend zu erfahren, wie sich Urgrossmutter jeden Tag gewaschen hat und wie die Lokomotive aussieht, in deren Fabrik Urgrossvater gearbeitet hat.

Anreise Mit dem Zug und der Bern-Lötschberg-Simplon Bahn (BLS) nach Interlaken, weiter mit Postauto oder mit der Berner Oberland-Bahn (BOB) nach Wilderswil, von dort mit der Zahnradbahn auf die Schynige Platte.

Ausflugsmöglichkeiten Grosser Alpengarten bei der Bergstation der Bahn, Wandern, Teddybärenausstellung im Berghotel Schynige Platte. Mystery Park in Interlaken, Thuner- und Brienzersee mit Dampfschiffen.

Stille und Verkehr Keine Motorfahrzeuge, sehr still.

Besonderes Nur im Sommer während insgesamt fünf Monaten geöffnet. Die Fahrleitungen der Bahn müssen im Winter an lawinengefährdeten Stellen demontiert werden.

Unterkunft Im Berghotel Schynige Platte.

Kontakt Berghotel Schynige Platte, Postfach 447, 3800 Interlaken, Tel. 033 822 34 31, Fax 033 822 34 56, info@schynigeplatte.ch, www.schynigeplatte.ch
Der Alpengarten: www.alpengarten.ch. Die Bahn: www.jungfraubahn.ch

«Den Anweisungen des Chauffeurs ist Folge zu leisten.»

Die viereckige blaue Tafel an einer steilen, schmalen Strasse ist für die einen Drohung und für die anderen Versprechen. Sie verspricht den Fussgängern, dass hier mehrmals pro Tag ein Postauto vorbeifährt, und droht den Autofahrern, dass sie sich im Zweifelsfall aus dem Staub machen müssen. «Auf einer Bergpoststrasse ist den Anweisungen des Chauffeurs Folge zu leisten», lernt man in der Fahrschule. Deshalb gilt für einen Personenwagen auf Bergstrassen imperativ die Suche nach einem Ausstellplatz, sobald der berühmte Dreiklang aus Gioacchino Rossinis Ouvertüre zur Oper Wilhelm Tell von den umliegenden Felsen zurückgeworfen wird.

Düüüüüü Daaaaa Dooooooo!

Denn der Postchauffeur hat auf Bergstrassen nicht nur immer Recht, er darf, wenn er das für nötig hält, auch immer an der Bergseite der Strasse kreuzen. Diese Regel wurde einst eingeführt, um zu verhindern, dass allenfalls schwache Strassenränder unter dem Gewicht des Postbusses nachgeben – und weil es um kleinere Autos mit weniger Insassen weniger schade ist. Obwohl in der Schweiz in den letzten Jahrzehnten Milliarden von Franken in den Ausbau der Bergstrassen investiert wurden, gibt es noch immer Strassen mit bergseitigem Kreuzen. Wehe dem, der sich da auf Befehl des Dreiklanghorns nicht verkriecht. Allerdings gilt dies nur für den Gegenverkehr. Für die andere Richtung gilt der berühmte Satz aus allen Krimiserien: «Folgen Sie diesem Wagen!» Das Postauto wird zum Spurbob in den Windungen der Bergstrassen.

«Folgen Sie diesem Wagen!»

Das Postauto gehört zur Schweiz wie Berge und Schokolade und ist der direkte Nachkomme der Pferdepost in den Alpen. Die letzte Pferdepoststrecke wurde erst 1961 definitiv eingestellt, jene nach Juf im Avers. Bisweilen gab es das Postauto auch auf Skiern und auf der Strecke zwischen Chur und Tschiertschen waren in den 1930er-Jahren Raupenfahrzeuge vom Typ Citroën Kegresse unterwegs, mit denen auch das Pamir-Gebirge bezwungen worden war. Heute befördern die gelben Postautos auf einem Netz von über 10 000 Kilometern Länge mit knapp 2000 Fahrzeugen jährlich rund 95 Millionen Reisende.

Eine der spektakulärsten Postautostrecken ist jene von der Grossen Scheidegg nach Meiringen. Auf der Grossen Scheidegg sind ausser Postautos keine anderen Autos erlaubt. Für den ultimativen Postautokick setzt man sich auf den vordersten Sitz rechts, schräg hinter dem Fahrer und gerade noch vor dem Vorderrad. Der Chauffeur kennt die Breite seines Fahrzeugs haargenau und fährt so, dass das Rad jeweils gerade noch auf der Strasse bleibt – und die Passagiere auf dem vordersten Sitz in jeder Haarnadelkurve schon leicht über dem Abhang um die Kurve sausen. Dagegen ist jede Achterbahn langweilig.

Kontakt PostAuto: www.postauto.ch

Das Berghotel auf der Grossen Scheidegg.

«Es donnert.»
«Kommt ein Gewitter?»
«Nein.»
«Warum donnert es denn?»
«Kombinieren Sie, Watson!»

Etwa so könnte es getönt haben, als Sherlock Holmes und Dr. Watson im Berner Oberland unterwegs waren, kurz bevor der Meisterdetektiv unterhalb der Grossen Scheidegg zusammen mit seinem Intimfeind Professor Moriarty in die Reichenbachfälle stürzte.

Kombinieren Sie, Watson!

Im Gegensatz zur Kleinen Scheidegg ist auf der Grossen Scheidegg weit weniger los. Das Berghaus hat ein Massenlager mit 88 Plätzen und je nach Personalbestand drei bis fünf Gästezimmer. Das Postauto fährt von Grindelwald her durch eine idyllische Moorlandschaft mit klei-

nen Seelein und dicken Moospolstern, die durch das bedrohliche Donnern von der Wetterhornflanke her noch fragiler wirkt. Dort oben brechen immer wieder mal Eisblöcke von den Gletschern und eine scharfe Linie teilt die Welt in «dort, wo gerade noch etwas wächst» und «dort, wo nur noch Steine und Eis sind».
Die Grosse Scheidegg ist ein stiller, ja unscheinbarer Ort und oft mehr Ausgangspunkt als Destination. Von hier aus kann man lange Höhenwanderungen unternehmen oder man lässt sich und sein Velo mit dem Postauto hochchauffieren und fährt dann nach Meiringen oder nach Grindelwald hinunter. Oder man steigt mit

Spektakuläre Postautofahrt auf die Grosse Scheidegg.

Seil und Steigeisen weiter hoch in die Welt der Berner Drei- und Viertausender. Auf dem Spaziergang nach Meiringen kommt man auch an der Talstation der Reichenbachfall-Bahn vorbei, einem sympathischen alten Standseilbähnchen, das dorthin hochfährt, wo der grösste Detektiv aller Zeiten seine letzte Ruhe gefunden hat. Mit einem weissen Stein ist der Ort markiert, an dem Dr. Watson angeblich den Bergstock und das Notizbuch seines Freundes fand.
Und dann ist da auch noch das Hotel Rosenlaui bei der gleichnamigen Schlucht. Vom Hotel aus wurde 1948 einer der spektakulärsten Gebirgsrettungsaktionen der Schweiz koordiniert. Eine

Bergseen und Hochmoore prägen die Landschaft der Grossen Scheidegg.

Douglas DC-3 der US-Armee war damals in den Schweizer Alpen verschwunden, allerdings, wie sich später zeigte, nicht abgestürzt, sondern auf einem Gletscher gestrandet. Alle Insassen blieben praktisch unverletzt. Die Rettungsaktion wurde international verfolgt, man warf aus Flugzeugen Nahrung über der Unfallstelle ab und schliesslich wurden ## Spektakulärste Gebirgsrettung
die «gegletscherten» Amerikaner von Schweizer Militärpiloten evakuiert, die mit ihren Fieseler Störchen auf dem Gauli-Gletscher landeten. Dies war der Anfang der Gletscherfliegerei in der Schweiz, der Rettungsflugwacht und der so legendären Figuren wie Hermann Geiger.

Auf der Grindelwaldner Seite der Scheidegg gibt es als weitere Attraktion den Alpenvogelpark. Immer, wenn irgendwo ein Falke oder eine Eule mit gebrochenem Flügel aufgelesen wird, kommt das Tier hierher. Und wenn sie sich nicht mehr so gut erholen, dass sie wieder in die freie Wildbahn entlassen werden können, dann fressen sie hier ihre Gnadenmäuse.

Reizvoll ist die Grosse Scheidegg auch im Winter. Dann gibt es keine Postautos, dafür einen Fahrdienst des Berggasthauses und eine lange Schlittelbahn. Oder man gönnt sich einen langen Fondue-Abend, bleibt gleich oben und trifft vielleicht den Geist von Sherlock Holmes.

Schnee, Nebel und Bergseen – auch bei schlechtem Wetter reizvoll.

Anreise Mit dem Zug bis nach Interlaken und weiter mit der Berner Oberland-Bahn (BOB) nach Grindelwald oder der Brünigbahn nach Meiringen, Postautoverbindung über die Grosse Scheidegg zwischen Meiringen und Grindelwald.

Ausflugsmöglichkeiten Ausgedehntes Ski-, Schneeschuh- und Wandergebiet, Alpenvogelpark, Rosenlauischlucht, Reichenbachfälle.

Stille und Verkehr Die Grosse Scheidegg ist ein eher unbekannter Ort in der Tourismusregion Berner Oberland. Der Ort ist sehr ruhig, Verkehrsmittel ist das Postauto und Bewilligungen für private Autofahrten werden nur sehr restriktiv erteilt.

Unterkunft Berghotel mit Doppel- oder Viererzimmern, Massenlager für rund 80 Personen.

Kontakt Berghotel Grosse Scheidegg, 3818 Grindelwald, Tel. 033 853 67 16, Fax 033 853 67 19, grossescheidegg@bluewin.ch
Alpenvogelpark: Eintritt frei, für Reservationen und Führungen Tel. 033 853 26 55 oder 033 853 29 68, www.alpenvogelpark.ch
Hotel Rosenlaui: Tel. 033 971 29 12, welcome@rosenlaui.ch, www.rosenlaui.ch
Grindelwald Tourismus: www.grindelwald.ch
Reichenbachfall-Bahn: www.reichenbachfall.ch

Voraus die St. Petersinsel.

Rousseaus Trauminsel im Bielersee

Inseln haben ein anderes Klima: Wenn man Ende Mai mit dem Schiff von Neuenstadt auf die St. Petersinsel fährt, ist auf dem Festland Sommer und auf der Insel noch immer Frühling. Der See wärmt sich nicht so schnell auf wie die umliegenden Hügel. Der Wind bläst ein wenig stärker, es ist einen Pullover kälter. Es ist, als käme man von der Schweiz nach Skandinavien. Der nordische Eindruck wird noch durch die unschweizerisch zahlreichen und grossen Mücken verstärkt. Doch am Kiosk bei der Schiffsanlegestelle gibt es jede Menge chemische Massenvernichtungsmittel gegen die «Petersinsel-Airforce» – Anti-Brumm in Familienflaschen.

Nebst jenem Kiosk gibt es auf der Insel einen kleinen Gutsbetrieb, der auch Wein anbaut, und ein Gebäude, das auf ein im Jahr 1127

Das ehemalige Kloster ist heute ein Hotel.

gegründetes Kluniazenser-Kloster zurückgeht. Das Kloster wurde aber schon nach der Reformation aufgehoben, die Kirche abgebrochen und die verbliebenen Häuser in einen Gasthof umgewandelt. Dort lebte der Emigrant Jean-Jacques Rousseau im Jahre 1765 für zwei Monate. Die Zeit auf der Insel beschreibt er als die glücklichste seines Lebens. Begeistert von Rousseaus Erzählungen machten daraufhin viele grosse Geister auf ihren Reisen hier Station, darunter Goethe, Kaiserin Josephine Bonaparte und die Könige von Schweden, Preussen oder Bayern. Einkehren und übernachten kann man hier auch heute noch. Das Hotel St. Petersinsel verfügt über 11 Zimmer und 23 Betten und eignet sich auch für Seminare und Bankette. Allerdings ist die St. Petersinsel

Die Pforte zur Inselwelt, die Anlegestelle.

nicht mehr wie zu Rousseaus Zeiten eine echte Insel. Bei der zweiten Juragewässerkorrektion zwischen 1868 und 1875 wurde der Seespiegel um mehr als zwei Meter abgesenkt. Damit ist zwischen der St. Petersinsel und Erlach eine Landverbindung aus dem Bielersee aufgetaucht, der Heideweg. Durch dieses idyllische Naturschutzgebiet kommt man heute auf die Insel, zu Fuss oder mit dem Velo. Natürlich kommt man auch mit dem Schiff auf die Insel. Sie verkehren fahrplanmässig, in der Zwischensaison mit grossen Abständen. Doch die Insel ist auch ein beliebtes Ausflugsziel für private Boote. Diese haben am Südufer eigene «Parkplätze», inklusive Parkgebühren. Allein das zeigt schon, wie beliebt die St. Petersinsel als Ausflugsziel ist. Denn sie lädt noch immer zum Träumen und Flanieren, mit riesigen Pappeln und Buchen, hüfthohen Blumenwiesen und mit der inseltypischen Eigenheit, dass die verträumten Spaziergänge immer wieder dahin zurückführen, wo man schon einmal war.

Flanieren und träumen

Anreise Mit dem Kursschiff ab Biel, La Neuville oder Erlach, zu Fuss oder mit dem Velo ab Erlach. Shuttle-Boot ab Erlach, Voranmeldung Tel. 079 760 82 60.

Ausflugsmöglichkeiten Segeln, Velo fahren und philosophierend im Kreis spazieren.

Stille und Verkehr Die Landverbindung nach Erlach lässt es zu, dass hin und wieder auch Autos auf die Insel fahren.

Unterkunft Hotel St. Petersinsel mit 11 Zimmern.

Kontakt Restaurant-Hotel St. Petersinsel, 3235 Erlach, Tel. 032 338 11 14, Fax 032 338 25 82, welcome@st-petersinsel.ch, www.st-petersinsel.ch
Der See: www.bielersee.ch

Die Gurtenwiese – ein Bijou unter den Schweizer Stadtparks.

Berner Fixpunkte: Das Bundeshaus, der Zeitglockenturm, der Bärengraben, der Kindlifresserbrunnen, das Marzillibad – und der Gurten. Der Gurten ist Berns Hausberg, so beliebt wie das gleichnamige Bier und aus der Berner Welt nicht wegzudenken. Gesichert war das allerdings lange Zeit nicht, denn das Hotel Gurten Kulm hatte seine grosse Zeit vor mindestens 50 Jahren bis es irgendwann einmal Anfang der 1990er-Jahre im finanziellen Morast stecken blieb und sich nichts mehr bewegte. Auch die Standseilbahn rumpelte immer näher an den finanziellen Abgrund heran. Sie war damals Eigentum der Stadt Bern, der Gemeinde Köniz und einiger Tausend «Znüniaktionäre», welche die Aktien aus ideellen und nicht finanziellen Gründen halten. Daran änderte auch das Openairfestival nichts, das seit Jahren mit Züri West, Plüsch, Patent Ochsner und allem, was innerhalb und

Hauptstadtpark im Grünen

ausserhalb der Berner Welt sonst noch so Rang und Klang hat, jedes Jahr Zehntausende auf den Gurten lockt. In einer Welt von Wellness-Wellen, Last-Minute-Mauritius-Ferien und Shoppingtrips nach London sind Hausberge aus der Mode gekommen. Kurz vor dem endgültigen Ende erbarmte sich die Migros und kaufte das desolate Hotel, um es

Die Bergstation der Gurtenbahn – mit dem Bundeshaus in der Ferne.

zu einem Kultur- und Kongresszentrum umzubauen und den Bernern einen «Park im Grünen» zu offerieren. Allerdings wurde die Realisierung der Idee an die Auflage geknüpft, dass die Standseilbahn saniert und die Kapazität erhöht werden müsse. Das wurde akzeptiert und der orange Riese machte mit Hilfe des Kulturprozents aus dem alten Hotelkasten eine zeitgemässe Hotel- und Seminaranlage, in der moderne Architektur und Raumgestaltung lustvoll auf den Charme der Belle Époque losgelassen werden. Gleich daneben wurde eine Scheune abgerissen und wieder aufgebaut – als «Kulturscheune» mit allem, was für Konzerte und Theateraufführungen gebraucht wird.

Der hölzerne Aussichtsturm.

Mit der Wiedergeburt des Hotels und der Bahn ist der Gurten auch für andere Organisationen attraktiv geworden. So hat der Zimmermeisterverband Bern zu seinem 100-Jahr-Jubiläum dem Gurten ein «Denkmal von bleibendem Wert» spendiert, einen spektakulären hölzernen Aussichtsturm, von dem aus man über alle Bäume hinweg die

Rock'n'Roll auf der Parkwiese

Fixpunkte der Hauptstadt von oben herab betrachten kann. Für kleine und grosse Buben gibt es die kleine Dampfeisenbahn mit einem relativ grossen Aktionsradius, allerlei Spielplätze – und natürlich die Gurtenwiese. Ohne Festival, wenn hier Bernerinnen und Berner in der Sonne dösen, Bücher lesen oder Volleyball spielen, ist sie noch imposanter, als wenn es hier rockt und rollt. Es gibt in der Schweiz kaum eine andere so grosse von Bäumen gesäumte Parkwiese, aus der Strassen und Parkplätze nicht nach und nach und immer wieder grössere Stücke herausgebissen hätten. Gerade diese riesige Wiese ist es, die an die grossen Londoner Stadtparks wie Regents Park oder Primrose Hill erinnert. Denn wenn es Bern auch bisweilen an hauptstädtischer Grandezza mangelt, in Sachen Parks kann es mit den grossen europäischen Kapitalen locker mithalten – dank dem Gurten.

Anreise Mit dem Zug bis Bern, umsteigen in die S-Bahn Linie 3 bis Wabern, von dort aus mit der Gurtenbahn.

Ausflugsmöglichkeiten Alles, was Bern zu bieten hat.

Stille und Verkehr Ruhig bis ausgelassen und sehr rockig während des Gurtenfestivals.

Unterkunft Zwei günstige Doppelzimmer im Kulm.

Kontakt Gurten-Park im Grünen, Gurten Kulm, 3084 Wabern, Tel. 031 970 33 33, Fax 031 970 33 44, info@gurtenpark.ch, www.gurtenpark.ch
Bern Tourismus: www.berne.ch. Das Festival: www.gurtenfestival.ch
Die Bahn: www.gurtenbahn.ch

Steil am Seil hinauf- und hinuntergelassen

Auf den Gurten führt heute eine moderne Standseilbahn.

Standseilbahnen gehörten zur touristischen Infrastruktur der Belle Époque wie Schrankkoffer und Pullman-Wagen. Sie kamen überall da zum Einsatz, wo es darum ging, Leute und Material steil bergan zu transportieren. Die Standseilbahnen waren ein Nebenprodukt des gesellschaftlichen Fortschritts im anbrechenden Industriezeitalter. Schon früh wurden Züge auf steilen Abschnitten an Seilen den Berg hinaufgezogen. Viele wurden parallel zu den Druckleitungen der grossen Wasserkraftwerke in den Alpen gebaut, zum Transport von Material und um die Leitungen zu inspizieren und zu warten.

Die Standseilbahn besteht meist aus zwei Wagen. Sie ist in ihrer Konstruktion dem Gefälle angepasst, fährt auf Schienen und die

Wagen hängen am selben Seil. Das hat den Vorteil, dass sie für den Betrieb kein Gewicht haben und der Motor nur das Gewicht der Fracht bewegen – oder allenfalls gar abbremsen muss. Standseilbahnen sind deshalb nicht zwingend auf Motorenantrieb angewiesen. Oft wurden einfach jeweils die Tanks der oberen Kabine mit Wasser gefüllt und dann nur noch gebremst. Das von den Freiburgern heiss geliebte «Funi» funktionierte jahrzehntelang mit dem Gewicht des Abwassers – und dem entsprechenden unverwechselbaren Duft.

Standseilbahnen galten lange als Relikte des 19. Jahrhunderts, als Kuriositäten mit Spassfaktor, vor allem für die Kinder, die ganz vorne rausschauen dürfen, nicht wie in allen anderen Eisenbahnen, wo man nur die eine oder die andere Seite der Welt sieht.

Erstaunlicherweise haben die alten Bahnen und das alte System in den letzten Jahren eine regelrechte Renaissance erlebt. Wahrscheinlich hat das auch damit zu tun, dass man bei den Überlegungen zum Ersatz von alten Bahnen irgendwann einmal zum Schluss kam, dass das System der beiden Kabinen am Seil doch einiges für sich hat. Man kann damit extreme Gefälle überwinden, die Geschwindigkeit ist relativ hoch und der Energiebedarf klein, weil sich das Gewicht der Kabinen gegenseitig aufhebt. Zudem sind die Bahnen leise, verfügen bisweilen über sehr

Links oder rechts? Die Kreuzungsstelle der Schatzalpbahn.

Renaissance der Standseilbahnen

grosse Förderkapazitäten und produzieren keine Abgase, sodass man sie problemlos über längere Strecken in Tunnels versenken kann.

So wurden denn in den letzten Jahren sehr viele Standseilbahnen modernisiert und auch einige neu gebaut. Eine der spektakulärsten ist die Parsennbahn in Davos. Sie war schon immer eine der längsten Standseilbahnen der Schweiz und seit dem Winter 2002/2003 auch die leistungsfähigste. Obwohl die neue Bahn auf der Infrastruktur von 1931 aufgebaut wurde, konnte die Förderleistung verdreifacht werden. Und trotzdem: Die grosse Gemeinde der Standseilbahnfreunde liebt die Kabinen jener Bahnen, die zusammen mit ihrer Destination alt geworden sind.

Das Giessbachhotel über dem Brienzersee ist eine solche klassische Symbiose von Weg und Ziel, besonders, wenn der Weg zur Bahn aus dem Dampfer «Lötschberg» besteht. Und auch der Weg auf die Schatzalp bei Davos war über 100 Jahre lang die alte rumplige Kabine, bis sie vor ein paar Jahren einer moderneren Variante weichen musste.

Eine besondere Attraktion bot sich den Standseilbähnlern vor ein paar Jahren im urnerischen Bristen, als sich im Zuge einer später ziemlich skandalträchtigen Felssprengung die ganze Strasse talwärts verabschiedete. Die alte Bahn entlang der Druckleitung wurde reaktiviert und zog einen Sommer lang so viele Touristen an, dass sich ein permanenter Betrieb ernsthaft aufdrängte. Bisher konnte man sich in Uri dazu nicht durchringen, obwohl die definitive Instandstellung der Bahn im Vergleich zum Strassendesaster wohl für ein Trinkgeld zu haben wäre.

Kontakt Informative Seite über Bergbahnen aller Art: www.seilbahn-nostalgie.ch
Standseilbahnfreunde in Deutschland und anderswo: www.standseilbahn.de

Braunwald ist ideal für Ferien mit Kindern.

Märchen hoch über dem Talboden

Der Zwerg Baartli ist eine Märchenfigur aus einem Kinderbuch der Glarner Autorin Lorli Jenni und allen Kindern im Kanton Glarus ein Begriff. In Braunwald trifft man den Zwerg und seine Abenteuer überall – in einem als Freiluftmärchen angelegten alpinen Märchenweg.

Braunwald ist heute ein selbstständiges Dorf mit 420 Einwohnern und 1500 Gästebetten, allerdings kein altes. Geschaffen wurde es gezielt und mit Absicht – nicht von lokalen Zwergen oder den Gnomen im etwas weiter entfernten Zürich, sondern von den einheimischen Seidenbaronen. Sie haben die engen Täler des Kantons schon in der ersten Hälfte des 19. Jahrhunderts zur am stärksten industrialisierten Region ausserhalb von Manchester gemacht, haben ihre bunt bedruckten Stoffe schon vor der Gründung des heutigen Bundesstaates im Jahr 1848 nach China, Indien und Afrika verkauft und sie haben der Region ihr heutiges Gesicht gegeben. Im ganzen «Ziegerschlitz» trifft man auf Schritt und Tritt auf riesige alte Fabrikationsgebäude, auf Industriellenvillen und kaum ein Wasserlauf, der nicht irgendwo gestaut, kanalisiert und in eine Weberei abgeleitet wird. Die Glarner Textilfürsten waren es denn auch, die

Braunwald hat im Sommer wie im Winter viel zu bieten.

sich hier vor dem Ersten Weltkrieg nach dem Vorbild von Davos und Arosa ihre Berge als Kurorte für Tuberkulosekranke erschlossen. Die Höhenklinik existiert noch immer und sieht sich heute als Ort der Erholung und Gesundung. Erst wurden die Kranken noch in Sänften und mit Maultieren zur Klinik transportiert, bevor man dann nach der Eröffnung der Hotels Bellevue und Alpenblick endlich auch die Standseilbahn eröffnen konnte.

Auch wenn unmittelbar an der Bergstation der Standseilbahn der Eindruck von Enge und Steile vorherrscht, Braunwald erstreckt sich über eine weitläufige Sonnenterrasse hoch über dem Talboden. **Weitläufige Sonnenterrasse** Im Sommer kann man hier Wandern, im Winter Skifahren. Als Transportmittel innerhalb des Dorfs dienen Pferdefuhrwerke, Elektromobile und ein paar Spezialfahrzeuge mit Dieselmotor, speziell schmal und der engen Wege wegen mit allen vier Rädern lenkbar. Hin und wieder sieht man sogar das eine oder andere Hundegespann. In Braunwald gibt es ein grosses Skigebiet, eine Nostalgie-Seilbahn, auf der man seitwärts den Berg hochfährt und ein Klettergebiet, wo auch Anfänger schnell und sicher die Grundbegriffe des Felskletterns erlernen können. Nebst dem Märchenweg des Zwerg Baartli gibt es in Braunwald auch noch ein Märchenhotel, das Hotel Bellevue. Hier ist alles auf Kinder ausgerichtet. Sie können auf einer Rutschbahn innerhalb des Hotels vom zweiten Stock bis an die Rezeption gelangen, sie haben einen eigenen Speisesaal, Spielzimmer sowie Betreuerinnen und jeden Abend erzählt ihnen der Hoteldirektor ein Märchen.

Der Zwerg-Baartli-Weg.

Anreise Mit dem Zug ab Ziegelbrücke nach Linthal Braunwaldbahn.

Ausflugsmöglichkeiten Ausgedehntes Ski- und Wandergebiet.

Besonderes Höhenklinik, Bogenschiessanlage im Hotel Alpenblick, speziell auf Kinder ausgerichtetes Märchenhotel Bellevue.

Stille und Verkehr Man ist bei der Bewilligung von Fahrzeugen zwar restriktiv, doch die von den beiden lokalen Transportunternehmen betriebenen Fahrzeuge mit Verbrennungsmotoren sind nicht zu vermeiden – auch schon der steilen Strassen wegen, die den Einsatz von Elektromobilen schwierig macht.

Unterkunft Vom Massenlager über Ferienwohnungen bis zum Hotel speziell für Bogenschützen.

Kontakt Braunwald Tourismus: Tel. 055 653 65 85, Fax 055 653 65 86, tourismusinfo@braunwald, www.braunwald.ch
Märchenhotel Bellevue, 8784 Braunwald, Tel. 055 653 71 71, Fax 055 643 10 00, info@maerchenhotel.ch, www.maerchenhotel.ch

Zürich und Umgebung | **Üetliberg**

Top of Zurich – das Hotel auf dem Üetliberg.

Zum Üetliberg gehts erst mal runter – runter in den unterirdischen Bahnhof der Sihltal Zürich Üetliberg Bahn (SZU) am Zürcher Hauptbahnhof. Einzig das Wort «Berg» im Namen der Endstation verspricht etwas anderes als Tunnelröhren und Grossstadtgetümmel. Aber Berge im Zürcher Flachland? Der Alpinist in mir zweifelt.

Die Bahn ist erst U-Bahn, dann wird sie zum Tram und tatsächlich, nach dem Triemli-Spital, steigt sie immer höher, fährt

Zürichs Hausberg

durch einen Wald und kommt schliesslich an der Bergstation «Üetliberg» an. Neben der Bergstation gibt es ein kleines Restaurant, einen Kinderspielplatz und eine Strasse hinauf zum Hotel Uto Kulm. Dort residiert Giusep Fry, Hotelier aus dem Bündner Oberland. Er hat den Üetliberg 1999 der Grossbank UBS abgekauft, nachdem er vorher angestellter Geschäftsführer auf dem Zürcher Hausberg gewesen war. Mit der SZU ist man in einer Viertelstunde weit über Zürich, in einem Gebiet, in dem man

Zürichs Hausberg mit Hotel und Sendemast.

wandern und im Winter zumindest während ein paar Tagen im Jahr schlitteln kann und wo man Zürichs Getümmel weit unter sich lässt.

Weniger bekannt ist, dass es am Üetliberg viele stille Ecken gibt, wo man sich ausruhen oder auch verstecken kann. Es gibt ein ausgebautes Wanderwegnetz, aber auch einen Planetenweg und einen Aussichtsturm, von dem man auf der einen Seite den ganzen Zürichsee überblickt und auf der anderen weit in die Zentralschweiz hinein und bis zu den Alpen sieht. Giusep Fry hätte den Üetliberg gerne völlig autofrei. Das ist nicht ganz einfach, weil die SZU keine Güter mehr transportiert und er deshalb alles Material für sein Hotel mit Lastwagen

Die SZU führt vom Hauptbahnhof direkt auf den Üetliberg.

Über «Downtown Switzerland»

hochtransportieren muss. Allerdings finden diese Transporte möglichst gebündelt und nur zu Randzeiten statt. Damit ist dafür gesorgt, dass man im Hotel Uto Kulm wunderbar abschalten kann. Es gibt Wochenendarrangements für Leute, die Ruhe suchen und wer geschäftlich in Zürich zu tun hat, findet hier seine ruhige Oase. Der Üetliberg bietet sich aber auch an für Bankette, Kongresse und Seminare. Die letzten regulären Züge fahren gegen Mitternacht wieder nach Zürich. Dann kann man gemütlich bis spät in die Nacht hinein einen guten Wein zum guten Essen und dann noch einen Cognac zur Zigarre geniessen. Und danach bringt einem die Bahn wohlbehalten wieder zurück mitten in die Stadt.

Anreise Mit der Sihltal Zürich Üetliberg Bahn (SZU) ab Zürich Hauptbahnhof.

Ausflugsmöglichkeiten Ausgebautes Wanderwegnetz auf der Albiskette, Wanderweg bis zur Felsenegg, von dort Luftseilbahn nach Adliswil. Planetenweg und im Winter Schlittelweg.

Stille und Verkehr Der Üetliberg muss um seine Autofreiheit kämpfen. Die Einstellung des Gütertransports auf der Bahn hat zusätzlichen Lastwagenverkehr gebracht. Allerdings wird alles daran gesetzt, mit Fahrverboten und restriktiver Bewilligungsvergabe den Verkehr zu begrenzen.

Unterkunft Das Hotel-Restaurant Uto Kulm.

Kontakt Hotel-Restaurant Uto Kulm, Gratstrasse, 8143 Üetliberg, Tel. 01 457 66 66, Fax 01 457 66 99, utokulm@uetliberg.ch, www.uetliberg.ch
Sihltal Zürich Üetliberg Bahn: www.szu.ch

Auf der Insel Ufenau wird noch immer Wein angebaut.

Stiller Augenblick in einer anderen Welt

Da sind sie wieder, ganz kurz beim Vorbeifahren im Zug oder Auto sieht man sie – vielleicht. Wenn man als gestresster Pendler nicht gerade auf seinen Laptop einschlägt, das Bahnbillett in allen Taschen sucht, die kommende Budgetsitzung in Gedanken nochmals durchgeht oder über den Esel flucht, der da vorne so abrupt die Spur wechselt.

Auch wenn sie von den rund um den Zürichsee rasenden Pendlerströmen ignoriert werden, sie sind da, die beiden verträumten Inseln. Von Zürich her ist das Kursschiff geschlagene zwei Stunden unterwegs, von Rapperswil her zehn Minuten. Im Sommer und an warmen Wochenenden ist hier der Bär los, mit vielen ankernden Booten, mit Touristenfluten, die alle paar Minuten den

Schiffen entspringen und sich durch das Selbstbedienungsrestaurant pflügen. Doch im Frühling oder Herbst, wenn es neblig ist oder unter der Woche, dann ist man allein. Dann kann man sich vorstellen, weshalb das Kloster Einsiedeln hier eine Dependance zur besinnlichen Einkehr eingerichtet hat. An den für die Region so typischen trüben Tagen ist man auf der Insel Ufenau wie im stillen Auge des Orkans. Auf dem Festland schaufeln Autobahnen und Doppelstockzüge die Massen von hierhin nach dorthin und wieder zurück. Auf der Insel geht man im Kreis und lässt die Gedanken fliegen.

Verträumte Inseln

Ausser dem Restaurant ist die touristische Infrastruktur dürftig bis nicht existent. Es gibt mehr Verbots- als Informationsschilder, die Gebäude sehen leicht vernachlässigt aus und beim Blick durch ein Schmiedeisengitter bei der Kirche fährt einem der Schreck durch die Knochen – denn da drinnen liegen, mehr oder weniger geordnet, menschliche Schädel und anderes. Es ist das Beinhäuschen des Klosters und die Gegenstände treffen einen ohne Vorwarnung oder Belehrung, einfach so und ganz selbstverständlich. Eigentlich hätte sich das ändern sollen. Der Bündner Architekt

Zwei stille Inseln mitten in der Zürcher Gross-Agglomeration.

Peter Zumthor hat ein Projekt für eine «Insel der Stille» erarbeitet, das allen gefallen hätte und die Insel Ufenau sanft an die moderne Welt herangeführt hätte. Doch die Stimmbürgerinnen und -bürger von Freienbach, einer der wohlhabendsten Gemeinden der Schweiz, haben die Idee mit einem Zufallsmehr bachab geschickt. Und so bleibt vorläufig alles, wie es ist: die Kirche, der kleine Gutsbetrieb, die Gaststätte, der abweisend-schrullige Charme.

Gleich neben der Ufenau liegt die Insel Lützelau. Sie gehört zur Gemeinde Rapperswil und ist mehr oder weniger unbewohnt. Dort gibt es einen Kiosk und einen Campingplatz und der Inselwart bringt Camper von Rapperswil aus mit dem Motorboot rüber, weil es keinen Anschluss an die Personenschifffahrt gibt.

Taxidienst des Inselwarts

Beide Inseln sind kleine Paradiese mitten im Getümmel der Millionenstadt Zürich. Und vielleicht achtet man ja doch einmal darauf – zwischen Kondukteur und «Kaffi – Gipfeli – Sändwitsch!», wenn Nebelschwaden über den See ziehen und einem für einen Moment lang etwas anderes durch den Kopf geht, als die nächste Budgetsitzung.

Anreise Mit dem Kursschiff von Zürich oder Rapperswil her oder von allen Anlegestellen dazwischen. Anreise zur Insel Lützelau mit privatem Boot, Mietbooten der Hensa-Werft in Rapperswil oder auf Anfrage für Gruppen mit dem Inseltaxi, Tel. 055 410 34 52

Ausflugsmöglichkeiten Spazieren im Kreis, Schifffahrten auf dem Zürichsee.

Stille und Verkehr Keine Autos, rundherum dröhnt der Verkehr. Stille ist deshalb so still, wie sie halt sein kann mitten in der Gross-Agglomeration.

Unterkunft Übernachtung nur auf der Insel Lützelau, im Zelt oder im eigenen Boot.

Kontakt Insel Ufenau: www.ufenau.ch. Insel Lützelau: www.luetzelau.ch
Restaurant Ufenau: Tel. 055 410 12 25. Rapperswil: www.rapperswil.ch
Zürichsee Schifffahrtsgesellschaft: www.zsg.ch

Zürich und Umgebung | **Quinten** 129

In Quinten spriessen die Bananenstauden.

Quinten liegt auf der anderen Seite, jene, die man immer nur kurz sieht, wenn die Eisenbahn- und Strassentunnels gerade mal Pause machen. Die Seite der Tunnels ist steil, schattig, frostig, ungastlich. Autobahn und Eisenbahn zwängen sich zwischen Berg und See hindurch und kommen sich immer wieder in die Quere, sodass kaum Zeit für einen Blick auf die andere Seite bleibt. Dort leben etwa 50

Subtropisches Dorf an einem kalten See

Einwohner in der Sonne und die vier Quintner Schulkinder fahren jeden Tag mit dem Schiff nach Murg in die Schule – in den Schatten. Doch in Quinten ist es warm, so warm, wie man es nie vermuten würde. Der Walensee ist einer der kältesten und tiefsten Alpenrandseen und dermassen stürmisch, dass die örtliche Segelschule Windgarantien abgeben kann. Doch im Dorf auf der

Sonnenseite des kalten Sees sind die Rebberge seit Jahrhunderten selbstverständlich. Kiwi und Khaki wachsen hier und vor einem der Häuser reckt sich eine drei Meter hohe Bananenstaude den Felsen der Churfirsten entgegen. Praktisch vor jedem Haus wuchern gestrüppartige Feigenbäume.

Auf dem einzigen steilen Strässchen bewegt sich ausser Fussgängern höchstens noch der kleine Schilter-Traktor, der im Dorf für

Quinten bedeutet Wasser und Wein.

schwerere Transporte dient. Auch er wurde mit dem Schiff hergeführt. In den beiden Restaurants füllt Einheimisches, sei es Fisch oder Wein, den grossen Teil der Speisekarte. Importiertes, und sei es nur vom anderen Ufer, kommt erst ganz unten. Natürlich be-

Eigener Weinanbau

treibt jeder Quintner eigenen Weinanbau – Marcus Janser hat sogar noch Reben in Neuseeland. Und an schönen Tagen, wenn die Schiffe voll sind und die Leute über die dem See entlang in den Fels gehauenen Wanderwege von Weesen und Walenstadt her nach Quinten kommen, baut er in seinem Weinkeller die Gläser zur Degustation für seinen Dachsa Schiller auf. An solchen schönen Tagen stehen dann die Fahrgäste von der Anlegestelle bis zur kleinen Kirche hoch, um aufs Schiff zu warten.

Doch es gibt auch andere Tage, im Frühling und im Herbst, an denen alle drei Minuten ein anderes Wetter herrscht, wenn kaltes Wasser über die Decks des Kursschiffes spritzt, wenn Schiffsführer Peter Hubbuch jeden Passagier beim Vornamen kennt und die Quintner Kinder auf dem Heimweg von der Schule in die Schranken weist, wenn sie gar zu wild auf den Bänken herumturnen.

Mit dem Schiff zur Schule.

Dann ist es still im Dorf. Erst recht, wenn das letzte Schiff abgefahren ist und man ein kleines Zimmerchen in einer der Pensionen bezogen hat. Dann hat man die schöne Seite des Walensees für sich, geniesst die letzten Sonnenstrahlen. Oder man schaut zu, wie sich über dem See ein Sommergewitter zusammenbraut und das orange Licht beim Gebäude der ehemaligen Spinnerei Murg zu gleichen Teilen neidisch und hämisch seine Sturmwarnungen über den See zur Sonnenseite blinkt.

Anreise Mit dem Zug nach Murg, Weesen oder Walenstadt, weiter mit einem der Kursschiffe gemäss Fahrplan. Schiffsbetrieb ganzjährig.

Ausflugsmöglichkeiten Einfach zu begehende Wanderwege entlang dem See ab Walenstadt und Weesen, Segelschule.

Stille und Verkehr Keine Autos, bis auf den einen oder anderen Traktor, allerdings hört man die Autobahn vom anderen Seeufer her.

Besonderes Verschiedene sehr süffige einheimische Weine, dazu einheimische Südfrüchte wie Khaki, Bananen oder Feigen.

Unterkunft Übernachtungsmöglichkeiten im Seegasthaus Au oder in der Wirtschaft zur Schifflände.

Kontakt Seegasthaus Au: Tel. 081 738 14 40, Fax 081 738 14 55
Wirtschaft zur Schifflände: Tel. 081 738 14 60, Fax 081 738 20 93, www.schifflaendequinten.ch
Schiffsbetrieb Walensee AG, Buel, 8877 Murg, Tel. 081 738 12 08, Fax 081 738 22 19, info@walenseeschiff.ch, www.walenseeschiff.ch

Die Welt ist eine rote Eisenbahn: Rhätische Bahn bei Preda.

Wohin fährt dieser Speisewagen?

Von Reichenau bis Solis sitzt man links. Die Schynschlucht und der Soliserviadukt kommen so am besten zur Geltung. Danach wechselt man besser nach rechts, um den Landwasserviadukt von seiner schönsten Seite zu erleben.

Zugfahren ist eine sinnliche Angelegenheit, auch wenn man eine Strecke seit Jahren kennt und vom Kondukteur und der Minibar-Mitarbeiterin bereits jedesmal persönlich begrüsst wird. Man lässt chauffieren statt dass man selbst heizt, man lässt die Landschaft an sich vorbeiziehen statt weisse Mittelstreifen zu jagen. Im Winter treibt die Lokomotive einen stiebenden Schneeschleier vor sich her und wenn Eis oder Raureif an Bäumen und Strommasten hangen, hört man das Knistern der grünweissen elektrischen Lichtbogen, die der Stromabnehmer aus der

Fahrleitung reisst. Nach Filisur wirds eng und wild. Die Bahn fährt auf einem schmalen Vorsprung durch den Wald, auf der einen Seite gehts steil hoch, auf der anderen steil runter. Rundherum ist nur Landschaft, wie in Kanada oder anderen Ländern mit viel Platz und wenig Menschen. Wenn man genau schaut, sieht man das Knappenhaus Bellaluna, unten im Talboden, das einzige Gebäude weit und breit, dort, wo vor Jahrhunderten Eisenerz abgebaut wurde.

Das Schweizer Bahnnetz ist eines der dichtesten und komfortabelsten der Welt und das Land eine einzige grosse Bahnlandschaft, Zyniker behaupten bisweilen auch, es sei eine einzig grosse Modelleisenbahn. Das Generalabonnement eröffnet neue Horizonte – vorausgesetzt, man braucht es nicht nur, um zwischen Zürich und Basel hin- und herzupendeln. Wer mit dem Auto unterwegs ist, lebt in Sackgassen: Man muss immer dahin zurück, wo das Auto steht. Sobald man mit öffentlichen Verkehrsmitteln reist, tun sich immer neue Wege auf und man ist nicht mehr gezwungen, auf demselben Weg zurückzukehren.

Man lässt chauffieren

Dazu kommen alle anderen Annehmlichkeiten des Chauffiertwerdens: Man kann vor sich hindösen, eigenen Gedanken nach-

Die Rhätische Bahn bietet noch klassische Speisewagenerlebnisse.

hängen und es gibt etwas zu essen, auch wenn gewisse Bahnmanager meinen, den Speisewagen alle paar Jahre neu erfinden zu müssen. Altertümlich und gleichsam spektakulär geht es da bei der Rhätischen Bahn zu und her. Das Weinglas mit dem Knick kann man drehen, damit es gerade steht, egal ob der Zug bergauf oder bergab fährt, das Essen wird an Bord gekocht und nicht nur aufgewärmt. Und geradezu legendär ist der Grappa-Ausschank, bei dem ein langer Strahl von der knapp unter der Waggondecke gehaltenen Flasche das auf dem Boden stehende Glas trifft ohne einen Tropfen zu verschütten.

Er trifft das Grappa-Glas garantiert.

So fährt man denn, wohin es gerade geht, geniesst die weiten altmodischen Ohrensessel in den alten Erstklasswagen, die nur noch in Regionalzügen eingesetzt werden und hält an Orten, von denen man noch nie etwas gehört hat. «Nach Lugano – Chiasso – Milano umsteigen? Wohin wollte ich eigentlich? Wohin fährt dieser Speisewagen? Kann ich nicht einfach hier sitzen bleiben bis am Abend?» Der Weg ist das Ziel in der Bahn. Wo sie durchfährt ist nicht so wichtig.

Kontakt Die Schweizerische Bundesbahn: www.sbb.ch
Rhätische Bahn: www.rhb.ch

Graubünden | **Spinas** 135

Spinas, wenn gerade mal ein Zug kommt.

Es fehlt nur das leise quietschende Windrad der Bahnstation Flagstone aus dem Western «Spiel mir das Lied vom Tod». Sonst stimmt alles – ausser der Kälte. Schiwago passt deshalb genauso. Der letzte Eintrag auf der Schiefertafel an der Wand des Stationsgebäudes stammt vom September 2001.

Sergio Leone im Engadin

Das hölzerne Toilettenhäuschen nebenan unterteilt die Bedürfnisse der Welt seit seiner Eröffnung im Jahr 1903 in «Frauen» und «Männer». Das System ist seither gleich geblieben. Plätsch.

Der Billettautomat droht: Einbruch sei zwecklos, er werde jeden Abend geleert. Das dumpfe «Tock» des Zweifränklers sagt aber, dass wohl auch nichts zu holen wäre. Besonders automatisch ist der Automat ohnehin nicht. Man liest den Preis der Fahrt an der Tabelle ab, wirft das Geld (zwei Franken bis Bever oder Samedan) ein und zieht ein Ticket aus dem Fach – gültig für alle Destinationen im Engadin, entsprechend dem eingeworfenen Geld, allerdings nicht kontrollierbar. Für die Rhätische Bahn ist in Spinas «Vertrauen gut, Kontrolle zu teuer». Seltsamerweise geht die Bahn davon aus, dass niemand ins Albulatal fahren will. Dahin gibt es keine Tarife. Man wird aufgefordert, das Billett vor der Fahrt zu entwerten. Der dafür zuständige Kugelschreiber, mit Schnur und Reisnagel an der Wand befestigt, versagt in der Kälte seinen Dienst, hinterlässt aber wenigstens ein paar entschuldigende Kratzspuren. Am Brunnen wächst ein gewaltiger Eisklotz. Schnee fegt über die fast zugewehten Geleise. In Sibirien sieht man in diesen tanzenden Schneewirbeln die Seelen der Toten.

Tanzende Schneewirbel

Spinas war schon seit Jahrhunderten eine Alp im Val Bever, einem Seitental des Engadins. Stösst man weiter ins Tal hinein, kommt man zur Jürg-Jenatsch-Hütte des SAC und dann auf den Julierpass oder ins Albulatal. Seinen grössten Boom erlebte Spinas, als hier der Albulatunnel gebaut wurde und damit Hunderte von Arbeitern in Barackenstädten lebten und ihren Lohn im «Schnapsbalken», einer von mehreren improvisierten Kneipen, versoffen. Später wohnten noch jahrzehntelang ein paar Bahnarbeiterfamilien in

Der Winterwanderweg im Val Bever.

Spinas. Deren Kinder mussten je nach Schneelage entweder nach Bever oder dann durch den Tunnel nach Preda zur Schule. Heute ist die Bahnstation automatisiert. In Spinas gibt es ein paar Ferienhäuschen – und die Pension Suvretta. Ruedi Krättlis Vorfahren hatten in den wilden Zeiten des Bahnbaus den «Schnapsbalken» betrieben. Doch eine direkte Linie gibt es nicht. Er und seine Frau konnten die Pension erst in den 1980er-Jahren vom damaligen Eigentümer, dem Schweizerischen Blindenbund, übernehmen. Schon kurz nach Vollendung der Bahn wurde der inzwischen zivilisierte «Schnapsbalken» zum beliebten Ausflugsziel. Man fuhr von St. Moritz her mit dem Landauer, die weniger Begüterten mit dem «Pirotsch», dem Leiterwagen, und nachdem es in Graubünden nach 1921 auch nicht mehr verboten war, mit dem Automobil.

Die Pension Suvretta.

Dieses ist erst 1986 wieder verschwunden, als man in Bever begann, auf sanfteren Tourismus zu setzen. Im Winter markieren nur zwei schnurgerade Pfostenreihen des elektrischen Weidezauns den Verlauf der Strasse. Der Winterwanderweg führt auf der anderen Seite des Bachs entlang, vorbei an oft meterdicken, jahrhundertealten Lärchen und Arven. Jede Baumpersönlichkeit in gebührendem Abstand zur anderen.

Paradies für Tiere

Das Val Bever ist ein Paradies für Tiere und Tierbeobachter. Hier gibt es fast alles, was die Alpen an Fauna zu bieten haben, inklusive der zweitgrössten Steinbockkolonie im Engadin. Und vielleicht kommt sogar wieder der Bär zurück, nicht nur jener, den die romanische Wochenzeitung «Fögl Ladin» einmal der gesamten Deutschschweiz in Form eines perfekt organisierten Aprilscherzes aufband. Die «Neue Zürcher Zeitung» hatte bereits geglaubt, dass im Val Bever ein Bär gesichtet wurde, die Kamerateams des Schweizer Fernsehens konnten erst im letzten Moment an der Abfahrt ins Engadin gehindert werden.

Das Tal ist aber auch idealer Ausgangspunkt für Wanderungen im Sommer und im Winter, für Ski- und Schneeschuhtouren sowie lange Winterspaziergänge. In der Pension Suvretta kann man sehr angenehm übernachten oder auch längere Ferien machen. Die Bahn hört man kaum, doch wenn man sie braucht, ist sie da und bringt einen schnell mitten in die touristischen Zentren des Oberengadins oder ins stillere Albulatal. Und allein schon der Charme der Haltestelle reicht, um hier einen Stopp zu verlangen: «Spinas, Halt auf Verlangen!» Dann setzt man sich auf die wohl seit Jahren nicht mehr benutzte Güterrampe des Stationsgebäudes und schaut zu, wie erst nur ein einziges Licht zu sehen ist und dann langsam ein Zug die letzte Steigung im Val Bever hochrollt, eingehüllt in eine feine Wolke glitzernden Schneestaubs.

Anreise Mit der Rhätischen Bahn (RhB) ab Samedan, Bever oder Chur, Thusis, Halt auf Verlangen. Zu Fuss ab Bever auf einem sehr schönen, praktisch flachen Spazierweg, im Sommer und im Winter.

Ausflugsmöglichkeiten Das gesamte Oberengadin mit Skiliften, Wanderwegen und vielen Attraktionen liegt vor der Tür, genau gleich weit ist es zu den Skigebieten von Bergün oder zum Schlitteln nach Preda. Idealer Ausgangspunkt für Wanderungen und Wildbeobachtungen. Klassische Langlaufloipe.

Stille und Verkehr Im Sommer ist die Zufahrt zur Pension Suvretta für Gäste von 17 bis 10 Uhr mit gebührenpflichtiger Bewilligung gestattet. Der Parkplatz ist in Spinas gratis, in Bever gegen Gebühr zu benutzen. Im Winter ist die Zufahrt für Autos nicht möglich. Einzige Zubringer im Winter sind die Rhätische Bahn, die Langlaufloipe und der Winterwanderweg. Ansonsten ist es im Val Bever sehr still.

Unterkunft Einfache Gästezimmer im Berggasthaus Pension Suvretta.

Kontakt Tourismusverein Bever, Staziun, 7502 Bever, Tel. 081 852 49 45, Fax 081 852 49 17, info@bevertourismus.ch, www.bevertourismus.ch
Berggasthaus Suvretta: Tel. 081 852 54 92, Fax 081 852 16 84, info@spinas-bever.ch, www.spinas-bever.ch
Die Bahn: www.rhb.ch

Der Schlitten, der ins Val Roseg fährt, sieht aus wie beim Samichlaus ausgeliehen.

Fuhrhaltereien sind ein altes Geschäft im Engadin. Lange bevor die Zuckerbäcker ausgewandert und die internationale High Society gekommen sind, waren sie eines der wichtigsten Gewerbe der Region. Sie transportierten auf Schlitten und Saumpferden Waren zwischen dem Tirol und Oberitalien hin und her und ab und zu auch Badegäste zu den Quellen

Von Fuhren und Fuhrhaltereien

von St. Moritz Bad. Die meisten dieser Fuhrhaltereien sind schon mit der Eröffnung der Rhätischen Bahn verschwunden, einige sind heute Garagenbetriebe und ein paar von ihnen warten noch immer jeden Morgen beim Bahnhof von Pontresina auf Kundschaft, die ins Val Roseg fahren will. Der Pferdeomnibus der Fuhrhalterei Costa ist im Winter ein Schlitten und fährt nach Fahrplan, alle anderen fahren auf Bestellung oder wenn der Schlitten voll ist. Der Kurs-Schlitten sieht aus wie beim Samichlaus ausgeliehen.

Kutschenfahrt mit Felldecke

Ein roter Zweispänner, man sitzt sich gegenüber und die Passagiere auf der hintersten Sitzbank etwas erhöht. Der Kutscher packt jeden einzelnen Passagier und jede Passagierin sorgfältig in Wolldecken ein und dann kommt noch eine Felldecke darüber – bei minus 15°C im Engadin nötig und keinesfalls zu warm. Man kann sich Napoleon vorstellen, wie er auf diese Weise nach Moskau und wieder zurück gefahren ist. Von den armen Kerlen, die laufen mussten, ganz zu schweigen.

Am Taleingang steht eine riesige Fahrverbotstafel, die explizit auch dem Militär Fahrten ins Tal verbietet und Bussen zwischen 200 und 1000 Franken androht. Man scheint es mit der Autofreiheit ernst zu nehmen. Die Pferde zotteln langsam voran. Die Bäume stehen in grossen Abständen und der Bach ist zur Eisskulptur erstarrt. Hin und wieder donnert es oben in den Felsen, wenn eine Schneewehe oder ein paar Steine abbrechen und talwärts stürzen. Das Val Roseg ist ein langes Trogtal, geformt vom Rosegggletscher – ein flacher Talboden mit steil ansteigenden Hängen. Etwa auf halbem Weg zwischen Pontresina und dem See vor dem immer weiter abschmelzenden Gletscher liegt das Hotel Roseg Gletscher. Es dauert etwa eine Stunde bis der Schlitten hier ankommt. Ein Hotel, oder zumindest eine kleine Herberge, gibt es hier seit 1869. Seine heutige Gestalt erhielt es aber erst 1971, als die Engadiner Hotelier- und Unternehmerfamilie Testa das Anwesen kaufte. Das Hotel ist beliebtes Ziel für Tagesausflüge sowohl im Sommer wie auch im Winter. Der Wirt betreibt neben dem schnellen Selbstbedienungsrestaurant ein zweites, sehr gepflegtes Lokal, in dem er Wildspezialitäten oder auch selbst getrocknetes Bündnerfleisch serviert.

Warm einpacken für die kühle Fahrt.

Gegen Mittag sieht es hier aus wie auf einer Sust, jenen Gasthöfen mit Stallungen und Warenlager, die es auf den alten Transportrouten alle 30 oder 40 Kilometer gab. Da stehen Schlitten an Schlitten und die Pferde haben ihre Futterkrippen aussen an einem Schopf. Fuhrleute verkaufen Tickets oder rangieren ihre Gespanne vorwärts und seitwärts und fluchen dabei so laut und deutlich, wie es sich für ihre Branche seit Jahrhunderten gehört. Vielen Gästen ist kaum bewusst, dass man hier auch länger Ferien machen kann. Das Val Roseg ist Ausgangspunkt für ausgedehnte Wanderungen und Skitouren. Zur Coaz-Hütte des Schweizerischen Alpenclubs sind es etwa zweieinhalb Stunden, zur Tschierva-Hütte anderthalb. Im Sommer können die Kinder den Bach stauen oder im Gletschersee baden.

Langlaufloipen nach Pontresina

Im Winter gibt es eine lange Langlaufloipe, eine der wenigen im Engadin, auf der noch ausschliesslich klassisch gelaufen wird. Sie steigt von Pontresina bis zum Hotel Roseg Gletscher in acht Kilometern etwa 200 Meter an und nach der Waldgrenze geht es noch mal so weit ins offene Tal. Die Kutschen der Fuhrhalter

Ausschliesslich klassischer Langlauf im Val Roseg.

haben aber auch Skiträger, sodass man mit ihnen bis zum Hotel gelangen und dann gemächlich wieder nach Pontresina hinausgleiten kann – oder eben im Val Roseg bleibt, wartet bis alle Tagesausflügler gegangen sind und dann das Tal ganz für sich alleine geniesst. Die Fuhrhalter und ihre Gespanne kommen auch am nächsten Tag wieder. Die laute Welt da draussen kann warten.

Gegenverkehr mit 4 PS.

Anreise Mit der Rhätischen Bahn (RhB) von Chur, Thusis, St. Moritz oder Tirano her nach Pontresina, weiter zu Fuss, mit Schlitten oder Pferdeomnibus.

Ausflugsmöglichkeiten Alle touristischen Attraktionen des Oberengadins. Ausgangspunkt für Wanderungen und Bergtouren im Berninamassiv zu verschiedenen Clubhütten des Schweizerischen Alpenclubs (SAC). Klassische Langlaufloipe im Winter.

Stille und Verkehr Fahrbewilligungen werden nur sehr restriktiv erteilt, Zuwiderhandlungen mit hohen Bussen bestraft und ausser dem Hotel, einer Alp und ein paar wenigen Häusern gibt es keine Gebäude im Val Roseg.

Unterkunft Einzel-, Doppel- und Mehrbettzimmer sowie Gruppenunterkunft im Hotel Roseg Gletscher.

Kontakt Hotel Restaurant Roseg Gletscher, 7504 Pontresina, Tel. 081 842 64 45, Fax 081 842 68 86, info@roseggletscher.ch, www.roseggletscher.ch
Kur- und Verkehrsverein Pontresina, 7504 Pontresina, Tel. 081 838 83 00, Fax 081 838 83 10, info@pontresina.com, www.pontresina.com

Auf der Albulapassstrasse von Preda nach Bergün wird im Winter geschlittelt.

«Gruss aus der Zukunftsstadt Preda» verkündet eine alte Postkarte, die das Hotel Kulm und die Bauarbeiten am Albulatunnel zeigen. Wenn man in Spinas in den Zug einsteigt und in Preda wieder aussteigt, dann vermittelt der Albulatunnel tatsächlich das Gefühl einer Fahrt mit der Metro in Paris oder Moskau. Doch das ist

Bahnlandschaften in den Bündner Bergen

dann auch alles Städtische, was Preda zu bieten hat. Es sieht noch fast genauso aus wie auf jener Postkarte. Es gibt etwa sechs Häuser, von denen einige auch vermietet werden und das Hotel Kulm hat 40 Betten in Zweierzimmern.

Preda ist nur im Winter autofrei. Im Sommer gibt es ziemlich viele Autos. Der Albulapass ist neben dem Flüela und dem Julier

Die Grenze zwischen Alpennord- und Alpensüdseite.

einer der drei nördlichen Strassenzubringer ins Engadin. Doch im Winter ist die Strasse gesperrt und wird zu dem, was Preda in der ganzen Schweiz berühmt und bisweilen auch berüchtigt gemacht hat: zur Schlittelbahn Preda–Bergün.

Die Bahn ist der grosse Schlittelklassiker der Schweiz. Schon vor dem Ersten Weltkrieg wurde die Albulastrasse während der Wintersperre jeweils für den Wintersport hergerichtet, ursprünglich allerdings als Bobbahn, auf der mit riesigen Sechserbobs gefahren wurde. In den letzten Jahren wurde hin und wieder zusammen mit Gästen aus England das Strassenstück vom Palpuognasee bis zum Hotel Kulm als Bobbahn hergerichtet. Doch um die Bahn jeden Winter betreiben zu können, wären jährlich rund 60 000 Franken nötig gewesen und

Die Bahn gehört zu Preda wie die Schlittelbahn.

davor schreckte die Gemeinde Bergün zurück. Denn auch der Betrieb der Schlittelbahn ist aufwändig. Die Bahn wird jedes Jahr sorgfältig präpariert, nachts beleuchtet und mit Brettern gesichert, damit Schlittlerinnen und Schlittler mit mangelhaften Steuerkünsten nicht über die Kurven hinausdonnern.

Preda, Start aller Schlittelabenteuer.

Ihren Reiz und ihre Berühmtheit verdankt die Schlittelbahn vor allem auch der Rhätischen Bahn (RhB). Zum einen begegnet man als Schlittler der Eisenbahn und ihren spektakulären Viadukten während der ganzen Fahrt nach Bergün immer wieder und zum anderen schaufelt die RhB während den 90 Betriebstagen im Jahr der Schlittelbahn zwischen 120 000 und 150 000 Schlittler nach Preda. Die Schlittelzüge sind aber auch für Eisenbahnfans ideal.

Museum für die Albulabahn

Sie können damit zwischen Preda und Bergün ausschliesslich auf dem spektakulärsten Streckenstück der RhB hin- und herfahren. Im Sommer gibt es zudem einen Bahnlehrpfad und das alte Zeughaus unmittelbar neben dem Bahnhof in Bergün soll zu einem Bahnmuseum umgebaut werden. Ein braunes, elektrisches Schmalspurkrokodil aus den 1920er-Jahren steht schon da. Doch auch wer sich weder für Schlittel- noch

Eisenbahnen erwärmen kann, ist in Preda gut aufgehoben. Der Ort ist ideal als Ausgangspunkt für Ski- und Schneeschuhtouren. Die Auswahl der Varianten ist so gross, dass man während einer Woche nie am gleichen Ort vorbeikommt. Weil sich Preda unmittelbar an der Wasser- und Wetterscheide zwischen Nord und Süd befindet, ist die Chance gut, dass auf der einen oder anderen Seite des Albula die Sonne scheint. Zu den Skigebieten von Celerina und Bergün sind es mit dem Zug jeweils 19 Minuten, zum Baden nach Alvaneu nur unwesentlich länger. Und wer in der Umgebung von Preda bleibt, wird sehr bald einmal zum Palpuognasee finden, einem der wohl schönsten Bergseen der Schweiz.

Anreise Mit der Rhätischen Bahn (RhB) ab Samedan, Bever oder Chur, Thusis.

Ausflugsmöglichkeiten Albulatal, Bad Alvaneu, Palpuognasee, Bahnlehrpfad nach Bergün. Ausgedehntes Wanderwegnetz, ideal für Ski- und Schneeschuhtouren im Winter. Nahe Skigebiete im Engadin und in Bergün. Schlittenvermietung in Preda und in Bergün. Im Sommer Trottinettvermietung für die Talfahrt auf der Passstrasse nach Bergün.

Stille und Verkehr Autofrei nur im Winter, dann ist es sehr still; nicht mal die Bahn ist zu hören. Ansonsten liegt Preda an der Albulapassstrasse, die vor allem bei Motorradfahrern beliebt ist.

Besonderes Schlittlerzüge in der Nacht.

Unterkunft Unterkunft im Hotel Preda Kulm oder einigen privaten Ferienhäusern.

Kontakt Hotel Preda Kulm, Preda, 7482 Bergün, Tel. 081 407 11 46,
Fax 081 407 21 46, preda.kulm@swiss-window.ch, www.preda-kulm.ch
Der Ort Preda: www.preda.ch. Bergün Tourismus: www.berguen.ch
Die Rhätische Bahn: www.rhb.ch

Die Kirche San Bartolomeo ist ein Kraftort.

Langsam kriechen die Sonnenstrahlen am Morgen die steilen Hänge des Calancatals hinunter. Das Tal ist steil und es dauert lange, bis die Strahlen unten im Talboden die schäumende Calancasca erreichen. Das Calancatal ist verkehrstechnisch eine Sackgasse – oder eine Oase der Stille – zwischen den beiden von Blechlawinen überrollten Tälern Leventina und Misox.

Ort der Kraft im Calancatal

Der Taleingang ist abweisend, angefüllt mit einem gewaltigen Steinbruch, der hier entlang der Strasse die Granitquader haushoch auftürmt. Das macht die Terrassen oben am Berg, welche die Sonne schon viel früher erreicht hat, nur noch attraktiver.

Dort oben liegt Braggio. Aus dem dunklen Talboden fährt die Luftseilbahn in nur sechs Minuten hoch in die Sonne. Die Bahn läuft automatisch und hat keinen Fahrplan. Man kommt, zahlt, drückt auf den Knopf und fährt, zu jeder Tages- und Nachtzeit.

Braggio ist ein einladendes Dorf abseits der grossen Verkehrsströme.

Braggio ist noch immer eine selbstständige Gemeinde wie Gemeindepräsidentin Agnese Berta betont. Allerdings hat sie nichts gegen eine allfällige Fusion der Gemeinden. Ihr ist viel wichtiger, dass der Ort bewohnt bleibt. 63 Personen leben im Dorf, darunter zwölf Jugendliche unter 20 Jahren. Die Bevölkerungszahl ist seit 20 Jahren einigermassen stabil geblieben. Statt dass jede Gemeinde um ein eigenes Postbüro kämpft, hat das Calancatal nun ein mobiles Postbüro, die Administrationen der Gemeindeverwaltungen wurden zusammengelegt. Wie in anderen Gebieten am Rande ist man auch im Calancatal kreativ, um das simple Jammern zu verdrängen. Braggio hat alles, was zu einer funktionierenden Berggemeinde gehört. Es gibt ein Restaurant mit Gruppenunterkunft, ein paar Touristenunterkünfte, ein aktives Dorfleben und zwei Kirchen.

Lebhafte Berggemeinde

Neben dem schmucken Dörfchen gibt es noch ein paar Fraktionen. Das Gotteshaus San Bartolomeo liegt etwas ausserhalb und wird im Buch «Orte der Kraft» von Blanche Merz sogar als bedeutender Ort der Kraft beschrieben. Tatsächlich fühlen sich dort viele Menschen besonders wohl. Wie einige andere sehr alte Kirchen wurde ihr Standort nach vorchristlichen Riten ausgewählt entsprechend den Kräften im Boden, wobei diese im Chor der Kirche am stärksten sind. Das führt dazu, dass Konzerte in der Kirche von Braggio besonders gut klingen.

Dass solche Konzerte möglichst oft stattfinden, dafür sorgt der Verein Pro Braggio. Er organisiert jeweils am ersten Samstag im

Graubünden | **Braggio**

Vogelscheuchen – Resultat eines Wettbewerbs.

Oktober den Herbstmarkt oder schreibt einen Vogelscheuchenwettbewerb aus und kümmert sich ums kulturelle Leben im Dorf.

Braggio setzt auf sanften Tourismus, als Ergänzung zur gut etablierten Berglandwirtschaft. Das weitläufige Wanderwegnetz im Calancatal kommt dem sehr entgegen. Der «Sentiero Alpino Calanca» führt von San Bernardino zuhinterst im Misox in drei Tagesabschnitten bis nach Santa Maria. Es gibt aber viele Variationen und Braggio kann Anfang, Ende oder Zwischenstation einer ausgedehnten Wanderung im Calancatal sein, zumal auf dem letzten Abschnitt in Richtung Santa Maria vor ein paar Jahren ein verheerender Waldbrand wütete und dieser Teil nun nicht mehr besonders einladend ist. Auch im Winter ist Braggio ein lohnendes Ziel. Es gibt zwar nicht allzu viel Schnee, doch die grösseren Skiorte wie San Bernardino sind nicht weit entfernt und der Skiclub Braggio betreibt einen kleinen Ponylift. Dafür ist es im Calancatal auch im Winter sehr sonnig, das Gebiet eignet sich sehr gut für ausgedehnte Schneeschuhwanderungen. Die Gemeinde hat deshalb zusammen mit den Einwohnern und Helfern aus dem Mittelland die Wander-

Die Alpensüdseite bestimmt das Wetter im Calancatal.

wege neu mit den bekannten weiss-rot-weissen Streifen markiert. Diesmal hat man besonders darauf geachtet, dass die Wanderwegzeichen auch im Winter gut sichtbar sind.

Der Frühling kommt hier meist schon vor Ostern, erst mit viel Sonne und dann ab Mai mit der ganzen farbigen Vielfalt der hochalpinen Pflanzen und Blumen. Die grössten Nutzniesser der alpinen Vegetation sind die Ziegen. Während sie als «Kühe der armen Leute» in der Schweizer Landwirtschaft weitgehend verschwunden sind, leben im Misox und im Calancatal noch immer rund 1000 Geissen, allein auf einer einzigen Alp im Calancatal im Sommer rund 200, sehr zur Freude der Kinder. Den Erwachsenen fällt dazu dann die Heidi-Geschichte ein, die sie den Kindern schon lange mal wieder erzählen wollten.

Frühling schon vor Ostern

Anreise Mit dem Zug via Gotthard oder mit dem Postauto via San Bernardino nach Bellinzona, von da mit dem Postauto weiter nach Arvigo, Haltestelle «Filovia» (Seilbahn). Die Bahn fährt automatisch, nach Bedarf und ohne Fahrplan.

Ausflugsmöglichkeiten Ausgedehntes Wanderwegnetz für mehrtägige Wanderungen, nahe Skigebiete im Tessin und in Graubünden.

Besonderes «Kraftort» in der Kirche San Bartolomeo. Unterkunft mit Massenlager im Ristorante Val Meira, dazu mehrere Ferienhäuser und Ferienwohnungen, die vermietet werden.

Stille und Verkehr Keine Autos bis auf ein paar landwirtschaftliche Fahrzeuge. Ein verstecktes Juwel für Familienferien.

Unterkunft Ferienwohnungen und ein Restaurant mit Gruppenunterkunft für maximal 28 Personen.

Kontakt Agnese Berta, Gemeindepräsidentin: Tel. 091 828 13 34, www.braggiotourismus.ch
«Sentiero Alpino Calanca»: www.sentiero-calanca.ch. Das Tal: www.calanca.org

Graubünden | **Landarenca**

Landarenca scheint nur aus Treppen und Steinplatten zu bestehen.

Stiegen und Steine im Tal der Frauen

Landarenca scheint nur aus Steinen zu bestehen. Die Dächer sind aus Steinplatten, die Gassen sind mit ihnen gepflastert, dazwischen gibt es lauter steinerne Treppen. Immer wieder sieht man fein säuberlich geschichtete Platten zwischen den Häusern. Jene, die der Frost im Lauf der Jahrzehnte gesprengt hat, werden auf den Strassen weiterverwendet, werden zu Treppen oder Vorplätzen verar-

Der Blick nach Braggio – über die Steindächer von Landarenca hinweg.

Der «steinerne» Ort

beitet. Jede horizontale Fläche in Landarenca will dem Berg abgerungen sein – mit Steinen.

Landarenca ist ein kleines Dörfchen, das hoch über dem Calancatal auf einer sonnigen Terrasse liegt – wobei man sich die Terrasse nicht als ebene, sondern nur als etwas weniger steile Fläche vorstellen darf. Oberhalb und unterhalb des Weilers gibt es wiederum vor allem Steine und Felsen. Strassen sind im Calancatal ohnehin eine eher neue Errungenschaft. Noch in den 1960er-Jahren war die Zufahrt selbst zu den Talgemeinden auch im normalen Personenwagen nur «sägend» zu meistern: Man musste in den Haarnadelkurven mehrmals vor- und wieder zurückfahren, um überhaupt weiterfahren zu können. Inzwischen hat das grösste Strassenbaubudget aller Schweizer Kantone Wirkung gezeigt und zumindest die Orte unten im Tal des Bündner Südtals erschlossen. Bis nach Landarenca haben sich die kantonalen Tiefbauplaner aus dem fernen Chur aber nie vorgewagt. Die Seilbahn gilt als Strassenersatz, mit den Kosten für eine Strasse hätte man den 15 ständigen Einwohnern ihre Steindächer vergolden können. Denn die 25 Kehren bis nach Landarenca, auch sie mit Steinmäuerchen sorgfältig abgestützt, befestigt, und dem Berg abgetrotzt, sind beim besten Willen nicht anders als zu Fuss zu bewältigen.

Es gab mal Zeiten, da lebten in Landarenca ständig 65 Personen und die Kinder konnten hier zur Schule gehen. Das Leben hier oben ist aber hart. Die Calancini suchten sich ihren Lebensunterhalt schon immer auswärts. Die allermeisten als Glaser. Die Rigassis, Marghitolas und Demengias aus Landarenca teilten die

Graubünden | **Landarenca**

In Landarenca findet man die Kinder beim «Versteckis» nie mehr.

Glaswelt untereinander auf und betreiben noch immer in der ganzen Schweiz Glasereien. Zurückgeblieben sind die Frauen, die zu Kindern, Haus und Ziegen schauten, sorgfältig kleine Gärten anlegten und dafür sorgten, dass sich das Tal nicht völlig entvölkerte. Die Frauen leisteten alles, was die abwesenden Männer nicht taten und bisweilen galt das Calancatal als «Tal der Frauen». Inzwischen hat sich die Einwohnerzahl zwar stabilisiert und die Männer sind nicht mehr monatelang weg, sondern pendeln nach Bellinzona oder Roveredo. Doch die Tradition resoluter Gemeindepräsidentinnen hat sich in mehreren Gemeinden erhalten.

Landarenca ist ein stiller Ort. Er liegt weit über dem Lärm des Alltags, mit schmalen Gassen und steilen Treppen, wo man die Kinder nie mehr findet, wenn man mit ihnen auf Steinen und Stiegen «Fangis» und «Versteckis» spielt.

Anreise Mit dem Zug via Gotthard oder mit der Reisepost via San Bernardino nach Bellinzona, von da mit dem Postauto weiter nach Selma. Die Luftseilbahn wird automatisch betrieben und fährt nach Bedarf und ohne Fahrplan.

Ausflugsmöglichkeiten Neu angelegter Kinderspielplatz, ausgedehntes Wanderwegnetz, nahe Skigebiete im Tessin und in Graubünden.

Stille und Verkehr Keine Autos. Ein verstecktes Juwel für Familienferien und als Ausgangspunkt für lange Wanderungen im Sommer, Winter und vor allem auch im Frühling.

Unterkunft Ganzjährig für Gruppen oder Einzelpersonen in der Casa della Gioventù.

Kontakt Für Restaurant und Unterkunft: Rodolfo Keller, Tel. 091 828 10 09, Mobile 079 665 49 43, kerodo@bluewin.ch
Der Ort: www.landarenca.ch. Pro Calancatal: www.calanca.org

Das alte Hotel Schatzalp ist noch so wie es Thomas Mann in
«Der Zauberberg» beschreibt.

Hans Castorp ist nicht da. Aber weit kann er nicht sein. Wahrscheinlich liegt er auf seinem Balkon, wie immer auf einem bequemen Davoserstuhl, eingehüllt in zwei Decken, welche Könner mit schwungvollen Bewegungen um sich wickeln – so lange sie

Der Zauberberg

noch können. Auf dem beigestellten Klapptischchen liegt ein Buch oder ein Stück Torte. Oder Hans Castorp, der Held in Thomas Manns «Der Zauberberg», klaubt sich verstohlen eine «Maria Mancini» aus seinem Zigarrenetui und sucht sich einen Ort, an dem er sie ungestört geniessen kann, löchrige Lunge hin oder her. Man lebt in Saus und Braus, logiert für 80 Rappen und isst für 7 Franken am Tag, stirbt mit Stil an der Tuberkulose – und ignoriert sie. Ausser den Chefärzten. Sie sterben an Krebs. Denn ihr Büro befindet sich im Röntgenzimmer.

Das Sanatorium auf der Schatzalp, von Davos aus nur mit einer Standseilbahn zu erreichen, ist der letzte Schrei für die reichen

Graubünden | **Davos Schatzalp**

Schwindsüchtigen des beginnenden 20. Jahrhunderts. Der deutsche Kaiser hat hier immer eine Suite reserviert, falls es auch ihn oder ein anderes Mitglied der Hohenzollern treffen könnte. Der Holländer Willem Jan Holsboer, Vater der Rhätischen Bahn und Erfinder des Davoser Flachdachs, hat bei seinem Lieblingsprojekt auf der Schatzalp alle Schikanen miteingeplant: ein zukunftsweisender Eisenbetonbau, hohe Räume, riesige Fenster, Zimmer mit

 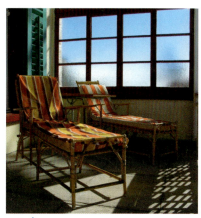

Das Bad und die Davoserstühle aus der Belle Époque.

Bad und fliessendem Wasser, Telefon, elektrisches Licht, Wasser aus 42 speziell erschlossenen Quellen, Grande Cuisine, Salonorchester, Operationssaal, Wilhelm Conrad Röntgens neumodische Strahlen, Bettenlift und eine Bodenheizung, die auch gleich noch den Toilettenrand mitwärmt. Alles, was Rang und Namen und Tuberkulose hat, trifft sich hier. Und die Verstorbenen sieht man nicht. Die Leichen verschwinden durch einen unterirdischen Tunnel zur Bahn – nicht mit dem Schlitten, wie Thomas Mann erzählt.
Es ist noch alles so, haargenau, mit minimen Veränderungen. Im Röntgenzimmer ist nun eine Bar, im Operationssaal ein Schwimmbad. Die von Hand betriebene Stöpseltelefonzentrale mit ihren vier Leitungen wurde erst nach der Jahrtausendwende

ausrangiert. Die Telefonistin war immer sehr gut informiert und fragte auch mal zwischendurch, ob man denn endlich fertig sei, andere müssten auch noch telefonieren. Die Teilnehmer des Davoser World Economic Forum hatten ein Problem damit. Doch der Speisesaal, die drei Suiten der Kaiserfamilie, die Liegestühle und die Klapptische, alles noch da. Ja sogar die gezöpfelten Stromkabel, die an Porzellanisolatoren den Wänden entlang zu den Jugendstilleuchten laufen, gibt es noch.

Die Stöpseltelefonzentrale ist erst seit kurzem nicht mehr in Betrieb.

Anfang der 1950er-Jahre machten Antibiotika der Schwindsucht und den Davoser Sanatorien den Garaus. Seither ist die Schatzalp ein Hotel. Knappe Finanzen haben alles so erhalten, wie es war, ohne den Glamour, aber auch ohne den tötelnden Fatalismus des Zauberbergs. Seit das Skigebiet und die Strelabahn geschlossen sind, ist das Hotel hoch defizitär. Holsboers grandiose Vision wurde zum Ökonomenalptraum. Die riesigen Fenster entlassen jeden Tag 750 Liter Heizöl in die Davoser Bergwelt, jedes Gepäckstück wird von der Talstation an der Promenade bis ins Hotelzimmer viermal umgeladen.

Doch auch ohne das Skigebiet ist die Schatzalp ein kleines Paradies. Es gibt eine Schlittelbahn nach Davos und eine Sommerschlittelbahn. Nebst dem ausgedehnten Wanderwegnetz wurden schon zu Zeiten des Sanatoriums viele Spazierwege für Menschen angelegt, die nicht mehr gut zu Fuss sind und schnell ausser Atem geraten. Die Eichhörnchen dort lassen sich von den grösseren Passanten füttern und von den kleineren jagen – wenn die Kinder sich nicht gerade auf dem Spielplatz austoben. Im Hotel gibt es

Graubünden | **Davos Schatzalp**

Führungen zum Thema Jugendstil und der botanische Alpengarten «Alpinum» begeistert Pflanzenfreunde schon seit Jahrzehnten. Trotzdem: Die Schatzalp schreibt tiefrote Zahlen und kann in dieser Art nicht weiterexistieren. Rettung verspricht nun ein Grossprojekt, welches das Hotel weitgehend so erhalten will, wie es ist. Die lokalen Investoren wollen das weitläufige Gebiet nicht zubauen, sondern auf der Bergstation der Standseilbahn ein Hochhaus erstellen. So verdreht wie der Davoser Kirchturm soll es werden, mit Ferienwohnungen, Hotel, Wellness- und Kongresseinrichtungen, mit allem, was das jetzige Hotel nicht bieten kann.

Das alte Luxussanatorium macht anderes möglich: Man kann im ganzen Hotel im Frühling und im Herbst, wenn es für Einzelgäste geschlossen ist, rauschende Feste feiern, mit der Familie oder der Firma, so lange und so laut man will und in allen Räumen gleichzeitig. Und vielleicht läuft einem dann Hans Castorp über den Weg – ganz zufällig, mit verlegenem Lächeln, rasselndem Atem und einer «Maria Mancini» zwischen Daumen und Zeigefinger.

Rauschende Feste

Anreise Mit der Rhätischen Bahn (RhB) bis Davos Dorf oder Davos Platz, danach zu Fuss oder mit dem Ortsbus zur Talstation der Schatzalpbahn. Sie liegt zentral an der Promenade bei den Arkaden.

Ausflugsmöglichkeiten Ausgedehntes Wander- und Spazierwegnetz, Kinderspielplatz, zwei Schlittelbahnen im Winter und eine Sommerschlittelbahn, Eichhörnchenweg und botanischer Garten «Alpinum». Skigebiet Schatzalp gegenwärtig geschlossen, Skigebiete wie Parsenn oder Jakobshorn leicht erreichbar. Grosses Angebot an Aktivitäten in Davos.

Stille und Verkehr Keine Autos, grandiose Aussicht über Davos und das Landwassertal.

Besonderes Davos und die Schatzalp dienten als Vorbild für Thomas Manns Roman «Der Zauberberg».

Unterkunft Das Hotel Schatzalp, ansonsten noch eine Ferienwohnung für bis zu zwölf Personen in der Villa Guarda, zu reservieren beim Hotel Schatzalp.

Kontakt Hotel Schatzalp, 7270 Davos Platz, Tel. 081 415 51 51, Fax 081 415 52 52, online@schatzalp.ch, www.schatzalp.ch
Davos Tourismus, Promenade 67, 7270 Davos Platz, Tel. 081 415 21 21, Fax 081 415 21 00, info@davos.ch, www.davos.ch

Die Hauptstrasse von Mürren lädt ein zum Promenieren.

Die Lobby der autofreien Orte

Die grösseren autofreien Tourismusorte der Schweiz haben sich schon vor Jahren unter der Führung von Zermatt und Saas-Fee zu einer Marketing- und Lobby-Organisation zusammengeschlossen, der Gemeinschaft Autofreier Schweizer Tourismusorte, kurz GAST genannt. Die Organisation war lange vor allem dafür zuständig, den gemeinsamen Marktauftritt zu stärken, zumal man besonders im Wallis die Attraktivität von autofreien Orten schon vor Jahrzehnten erkannt hat. In letzter Zeit ist man davon eher etwas weggekommen und hat stattdessen Qualitätskriterien definiert, an die sich die Mitglieder halten sollen. Die GAST-Orte streben eine weitestgehende Autofreiheit an, wobei sich auch die Einheimischen und Ferienhausbesitzer an die strengen Verkehrsvorschriften zu halten haben. Die

Attraktiver ohne Autos

Orte fördern, wo immer sie können, den Gebrauch öffentlicher Verkehrsmittel. Für Gäste, die trotzdem mit dem privaten Fahrzeug anreisen wollen, bieten sie kontrollierte, meist gebührenpflichtige Parkplätze ausserhalb des Dorfs an. Trotzdem soll ein schneller und bequemer Gepäckumschlag für die Gäste garantiert werden. Weiter soll über die Verkehrskonzepte umfassend informiert und die naturnahe Bewegungsfreiheit in den autofreien Orten gefördert werden.

Neben dem Auftritt nach aussen will die GAST in den nächsten Jahren vor allem auch Aufklärungsarbeit nach innen betreiben. Die besten Qualitätskriterien nützen nichts, wenn sie nicht umgesetzt werden. Denn verschiedene Orte können die Ansprüche der Autofreiheit nicht mehr so konsequent durchsetzen wie Zermatt. Es gibt immer Argumente dagegen: Die Gäste wollen abgeholt und wieder zur Bahn gebracht werden, die Elektrofahrzeuge sind teuer, wartungsaufwändig und für steile Strassen ungeeignet und vieles mehr. Doch mit jedem Fahrzeug mit Verbrennungsmotor, mit jedem Motorengeräusch und jedem bisschen Abgasgeruch geht den autofreien Orten ein Teil ihrer Attraktivität verloren. Das müssen vor allem auch jene merken, die davon leben, direkt oder indirekt.

Gemeinschaft Autofreier Schweizer Tourismusorte GAST c/o Sekretariat, Zermatt Tourismus, Bahnhofplatz, 3920 Zermatt, Tel. 027 966 81 00, Fax 027 966 81 01, zermatt@wallis.ch, www.gast.org

Mitglieder der GAST sind Bettmeralp, Braunwald, Mürren, Riederalp, Rigi Kaltbad, Saas-Fee, Stoos, Wengen und Zermatt.

Noch mehr Autofreiheit

Schweiz

Gstaad im Berner Oberland hat einen autofreien Ortskern: www.gstaad.ch. Zudem haben verschiedene Schweizer Städte wie etwa Winterthur zum Teil sehr grosse Fussgängerzonen in den Innenstädten geschaffen.

Deutschland

Die Halligen Hooge und Gröde an der Nordsee sind autofrei: www.hooge.de und www.groede.de. Ebenso die Inseln Juist, Baltrum, Langeoog, Spiekeroog und Wangerooge: www.juist.de, www.baltrum.de, www.langeoog.de, www.spiekeroog.de und www.wangerooge.de
Weitere stark verkehrsberuhigte Städte sind Hiddensee, Oberstdorf, Baden-Baden und Duderstadt: www.hiddensee.de, www.oberstdorf.de, www.baden-baden.de und www.duderstadt.de
Helgoland gehört zu Hamburg und ist ebenfalls autofrei: www.helgoland.de
In Freiburg im Breisgau ist der Stadtteil Vauban autofrei: www.vauban.de

Österreich

In Österreich gibt es die Interessensgemeinschaft «Sanfte Mobilität», eine Vereinigung von Tourismusorten, die sich für starke Verkehrsberuhigung einsetzt: www.igmobil.at

Italien

Venedig ist die ultimative autofreie Destination, doch dafür gibt es eigene Reiseführer: www.venedig.com und www.venetia.it Italienische Städte mit restriktiver Verkehrspolitik in den Stadtzentren sind zudem Siena, Cinqueterre, Bologna sowie Modena, die Stadt, die sich «Hauptstadt der Motoren» nennt, weil die Autofirmen Ferrari, Maserati und DeTomaso hier entstanden sind.

Frankreich

In Frankreich sind die Skiorte Avoriaz, La Plagne, Val Thorens und Tignes autofrei: www.avoriaz-morzine.com, www.la-plagne.com, www.valthorens.com und www.tignes.net

Niederlande

Die niederländischen Watteninseln sind autofrei: www.schiermonnikoog.com und www.wadden.nl

UK

Im Vereinigten Königreich gibt es auf der Kanalinsel Sark und auf der schottischen Insel Iona keine Autos: www.sark-tourism.com und www.iona.mull.com

Griechenland

Die Insel Hydra ist völlig autofrei: www.hydra-island.gr

Weitere Links

Autofreies Wohnen in Deutschland und anderswo: www.autofrei-wohnen.de. Radikalere Ansichten: www.autofrei.de
Die autofreie Seite: www.mila.ch/autofrei

S. 15, 16, 17, 18:	Verkehrsbüro Rigi
S. 52, 54:	Campo Rasa, Rasa
S. 55:	Ursula Mühlematter, Gspon
S. 67:	Pro Natura, Riederalp
S. 68:	Riederalp Tourismus
S. 70, 71:	Saas-Fee Tourismus
S. 75, 76, 77, 78:	Zermatt Tourismus
S. 82:	Schweiz Tourismus/Franziska Pfenniger
S. 83:	Bettmeralp Tourismus
S. 85:	Daniel Schmid, ehemaliges Grand Hotel in Brunnen, Foto aus den Vorbereitungen zum Film «Zwischenstation»
S. 98, 99, 100, 101:	Brienz Rothorn Bahn AG
S. 108, 109:	Grindelwald Tourismus
S. 120, 121, 122:	Braunwald Tourismus
S. 133, 134:	Rhätische Bahn, Chur

Alle anderen Fotos von Andreas Schwander

Andreas Schwander

Andreas Schwander, Journalist BR und Kommunikations-
berater, wurde am 27. August 1968 in Davos GR geboren.
Er war Mediensprecher bei Crossair und zuvor von 1992 bis
1998 freier Auslandskorrespondent in Russland. Seine in dieser
Zeit entstandenen Kurzgeschichten sind im Friedrich Reinhardt
Verlag unter dem Titel «Rolltreppen-Romanzen und andere
Alltagsgeschichten aus Russland» erschienen. Andreas
Schwander ist verheiratet, Vater eines Sohnes und lebt in
Bottmingen BL.